野球の力

～銚子発～

木樽正明

銚子スポーツタウン

はじめに

突然、巨人軍の原辰徳君から電話が…。

私の不在中に電話に出た妻はびっくりです。電話の向こうからあの元気な声で「是非、私に力を貸してほしい。」妻は思わず「よろしくお願いします。」と言ってしまったそうです。このオファーを仕掛けたのは、実は広岡達朗さんだったのです。

原辰徳君、広岡達朗さんをはじめ、金田正一さん、長嶋茂雄さん、村田兆治君…。11年間の現役時代と、28年間のスタッフ時代にはたくさんの出会いがありました。球界でお世話になった方、同じチームで過ごした仲間、しのぎを削ったライバル、コーチやスカウト時代に接してきた選手とのたくさんの思い出があります。

この本は、言わばその思い出と言っても過言ではありません。私の思い出とともに、あまり知られていない選手たちの素顔をこの本に書かせて頂きました。読者の皆様には、そんな愛すべき素顔を楽しんで頂けたらと思います。

私は千葉県立銚子商業高校（以下銚商）を1966年に卒業してプロ入りし、2014年4月に48年ぶりに「ふるさと銚子」に帰って来ました。マスコミ等で銚子の元気の無さが度々流れ、また、我が母校の野球部も低迷している姿を知るにつけ、「何とか出来ないか。」「何とか強くしたい。」の一念で帰る決断をしました。

銚子に帰り、銚商の野球部のコーチに、そして、銚子市の行政アドバイザーに就任しました。目標は「野球の街　銚子」の復活です。「野球から銚子を元気に」をモットーに、スポーツ少年団、中学校、高校、リトル、シニア等全ての野球の指導や指導者への助言、市内の小、中学校においての特別授業、そして、講演活動等々して参りました。令和2年3月をもって行政アドバイザーの活動は終わり、市政アドバイザーとなりましたが、これからも「野球の街　銚子」復活の為に全力で励んでいきたいと思います。

銚商野球部の思い出、今の銚子への思いもまたこの本に書くことで、ふるさと銚子の活性化につながってほしいと心から願っています。

2020年8月

木樽　正明

目次

第二章　スタッフ舞台裏 ……………………………… 33

第四章 ふるさと銚子を想う …… 141

＊本書は大衆日報の連載コラム「野球今昔　～そして未来へ～」を書籍化するにあたり、加筆・修正し、再構成したものです。

第1章　11年の現役生活

昭和46年（1971）アリゾナキャンプにて

1　初めての自主トレ

私にとって忘れられない自主トレーニングの思い出を話したいと思います。銚商からプロ野球の世界に飛び込んで1年目の事です。東京オリオンズ球団（現：千葉ロッテマリーンズ）から自主トレの集合が掛かりました。何と言っても初めてプロ野球の練習への参加ですから、すごく緊張したのを昨日の事のように覚えています。当時はほぼ全員参加だったようで、新人はその前に並んで挨拶です。皆、体が大きく、当時の私には「おっさん」に見えていました。当然ですよね。私は一番年下ですから。勿論スター選手の顔もあり、不安と緊張の中のスタートでした。

私にとってこの自主トレはその後のプロ野球人生にとって貴重な期間だったのです。当時のトレーニングコーチは法政大学の丸山吉五郎教授で、陸上の専門家でした。後に日本陸連の役員も務める程の有名な先生だったのです。アップが終わりキャッチボールまでは全員一緒でしたが、そこから別れて私と丸山コーチはマンツーマンでの練習に入ります。「木樽君の足が遅いのは、走るフォームが悪いからだよ。それを矯正したら足が速くなり、下半身が強くなってもっと良いボールが投げられるようになるよ。」そうなんです。自慢ではないですが、高校時代の私は足が遅かったんです。当時からピッチャーは暇さえあればランニングでした。当然ランニングの重要性は分かっていましたけど、遅いとランニングは自然と好きになれませんよね。

来る日も来る日も、腕の振り方や足の上げ方、もも上げからのスタートの練習です。ブルペンで投球練習に入る選手もいて、置いて行かれる不安もあり、「コーチ、陸上競技ではなく、僕は野球をやりに来たんです。野球はいつになったら出来るんですか？」と丸山コーチに訴える程、猛烈にやりましたね。そのお蔭で自分でも実感出来る程、スピードが出るようになったんです。脚力は「生まれながらのもの」と思っていましたが、そうではない事を自分で体感出来た事は大きかったですね。こうなると走るのが楽しくなってきますから、益々下半身が鍛えられ強くなります。当然投球に反映されてきます。

あの時は苦しかったのですが、丸山コーチと出会い、信じてやった事が私のその後のプロ野球人生にとって大きな財産になったのです。選手は如何に良いコーチと巡り会えるか。成長するうえで大きなポイントですね。丸山先生には今でも感謝しています。

指導者となった今の私はどうなのかと考えると、選手の成長の手助けとして指導出来ているのか、この選手にとってこのアドバイスで良かったのか、もっと他に適切な指導は無かっただろうか、と、自問自答の毎日です。私が選手にいつも言っている事は、「一球一球、一振り一振り考えてやりなさい。」「与えられるものでなく、自分で掴み取るものだ。」という事です。ですから、ポイントを絞ってあまり多くは言わないようにしています。指導者も日々勉強です。

2　年俸交渉と驚きの給料

シーズンが終了すると、現役の選手にとっては来年の年俸契約の時期になります。日本のプ野球界では代理人を置いて契約している選手は極少数ですが、アメリカの球界の契約はほとんど代理人契約となっています。本来はこのような形が選手にとっては望ましいのですが、逆に球団にとって相手は弁護士などの交渉の玄人ですから、歓迎するものではありません。選手は正直言って金銭の交渉事に対しては素人ですから、球団側にとってはやり易いものですよね。ましてあまり結果（数字）を残していない選手にとっては、球団の言いなりになっているのが現状です。また、2軍選手の結果はほとんどの年棒の評価の対象になりません。期待料で多少上げる程度で1軍の数字が全てなのです。やはり12球団でも契約金に違いがあるように、年棒にも違いがあります。特に巨人軍の選手は同じレベルの選手でも他球団より2割から、人によっては3割程度高い年棒をもらっています。

各球団には年棒を決める査定係が居て、球団によっては監督も関わるところもあります。各球団によって多少の違いはあるのですが、２００程度の査定ポイントがあるようで、例えば打点はプラス何点、ランナーを進塁させて何点、ヒットでチャンスを作ったので何点と。反対にチャンスに凡退したり、負け投手になったりするとマイナス何点と言った具合で、査定係は全試合を事細かに見て査定するのです。1年間のプラスマイナスのトータルで金額を算定するのですが、勿論これだけでは測りきれない事もある訳です。会社側は少しでも少なく、選手側は少しでも多くと利害関係は相反するものですから、熱がこもるのは当然なのです。そしてそこで決まった年棒は、12で割って月給で支給されています。

私の時代は代理人制度なんてありませんでしたので、選手と球団代表との交渉でした。球団代表なんて言ったらずっと年上で世情と交渉力に長けている人ですから理屈ではかないませんでした。

私が東京オリオンズ球団に入団してびっくりしたのは、入団契約が終わり自主トレの為、学校に休みをもらって参加していた時、なんと月給が出たのです。まだ詰襟をしている高校生ですから、まさか出るとは思わなかったです。当時は振り込みでなく手渡しだったので、今まで見た事もない１万円札が十何枚も…。当時の大学卒のサラリーマンの月給が１万８千円くらいだったでしょうか。

ところがもっと驚いたのは、大先輩の３００勝投手の小山正明さんの茶封筒を見た時でした。縦に立てられる厚みがあったのです。落としたら「ドサッ」と大きな音を出す程の厚みでした。私の方は「ひらひら」と舞いながら落ちて行きます。それを見た時、「よし、俺も絶対あの位もらえる選手になろう。」と密かに心に誓ったのでした。

その後、東京オリオンズの親会社である大映の業績が厳しくなってきました。ちょうど私の成績が上向いてきた時と重なってしまったのです。曲者の球団代表と交渉するのですが、「木樽君、会社がダメなんだよ。この位しか出せないんだ。その代わりポータブルステレオを付けるから。」それが21勝で最優秀選手（以下ＭＶＰ）になった年の事です。次の年に24勝を挙げ最多勝を獲得した年は、やっと一千万円の大台に乗ったのですが、「この絵で勘弁してくれ。」と…。その後、球団は「ロッテ」に買収されましたが、その絵画はいまだに手元にあります。見るたびに悪夢が蘇ってくるのです。

3　マウイキャンプ　～初めての海外～

私が東京オリオンズに入団した1年目のキャンプは、ハワイ・マウイ島でした。50年以上も前ですが、新人で18歳、しかもまだ銚商に在学中でしたからインパクトが強くて今でも鮮明に覚えています。飛行機に乗るのも当然初めてなら、観るもの聞くもの全てに初めての事が多く、私にとってカルチャーショックでもあった訳です。今まで見た事もない風景や外国人にキョロキョロしていたのでしょうね。在学中のキャンプでしたので、３学期の試験は前倒しでやらせて頂いたりレポート提出で済ませて頂いたりしました。先生方は口々に「後の事は心配するな、心置きなく思い切ってやって来い！」、校長先生には「卒業式だけは出席するように。」とおっしゃって頂き、先生方には感謝の言葉しかありません。

銚子から都会に出て右も左も分からない状況で、羽田空港では迷子にならないように必死に人の後を付いて行くだけでした。今、鮮明に焼き付いている光景はハワイに近づいて飛行機から見た朝日の美しさと、そしてサンゴ礁のあの海の色です。銚子の海を見て育った私には当然の事でしょうが、全く海のイメージが変わったのを覚えています。

マウイ島は2世、3世の日系人が多く住んでいて近所のスーパーには日本の食料品なども多く、言葉などにも不自由しなかったのが救いでした。休日や夕食などには日系人の自宅に招待され、思いっきり日本食をご馳走になり親睦を深めたものでした。当時マウイの日系人の間で流行っていた歌謡曲は、大津美子の「ここに幸あり」で、みんな涙を流さんばかりに歌っていたのが印象的でした。

私が何と言っても楽しみにしていたのはステーキです。先輩から「肉は食べ放題だぞ。銚子では魚が食べ放題だったろうがな。」と教えてもらいました。日系の人達からの日本食の差し入れには目もくれず、連日ステーキを「むさぼり食った」という形容がぴったりの食いっぷりでした。しかし、1週間も食べ続けたらもう見るのも嫌になってしまったものです。球団で米を持って来ていたので、おかずに初めて「キムチ」を食べたところ、ずっと肉ばかりの胃袋はこの「キムチ」を大歓迎しましたね。マウイキャンプで私の最大の失策だったのが「洋式トイレ」の使い方でした。その頃の銚子では見た事もなく、初めての体験でどのように使って良いか分からず、悩んだ末先輩に話したらその話がすぐにチーム全体に知られる事となり赤っ恥をかいてしまったのです。「銚子は田舎だから洋式トイレは無いんだな。」と冷やかされ「銚子市民代表」として申し訳ない思いでした。どのように使用したかは読者のみなさんのご想像にお任せしたいと思います。

ホテルは海の近くの為、波の音で眠れない人が多く、耳栓をして床につく程でしたが、銚子の海鳴りを聞きながら育った私にとっては心地良い子守唄でしかなく、「さすが銚子の生まれだな。」と先輩から言われ胸を張ったものです。私のニックネームは「仁王様」でしたが、これはマウイの岩場に立ち、遠く銚子に思いをはせながら眺めていた私の姿を見た先輩が名付け親になったのでした。

真冬の日本から常夏のハワイですから、筋肉はいきなり解放されたようになって、肩や肘など軽く感じて自然に体が動いてしまう感じです。しかし、次第に暑さと疲労で体が動かなくなってくるのです。新人で注目されているのを肌で感じているので頑張りすぎたせいもあるでしょう。途中でへばってしまい、その姿を見たキャッチャーの先輩から「良いか、木樽よ。チームにもライバルが居るんだぞ。絶対にそんな弱みを見せては駄目だ。」とアドバイスを頂いたのです。私の心にしみわたりました。以来この言葉は野球人生の教訓として、ずっと持ち続けてライバルと闘ってきたのです。

4　指宿キャンプ　～再起をかけて～

キャンプと言えば、友人からの誘いで久しぶりに鹿児島に行ってきました。私にとって鹿児島は第二のふるさとと言っても過言で無い程、私の青春時代の思い出が多く詰まっている土地なのです。選手時代からコーチ、2軍監督、そしてスカウト時代の長きにわたってキャンプ地として馴染みの深い土地なのです。

特に指宿は思い出深く、入団2年目に抑え投手として8勝を挙げたものの、投げすぎで腰を痛めりタイアし、迎えた3年目のキャンプが指宿でした。しかし、結局その年は1年間治療に専念する事になってしまい、再起をかけた4年目のキャンプがまたこの指宿だったのです。

友人から借りた車に妻を乗せて、鹿児島市内から1時間ちょっと走って指宿市に行きました。球場の佇まいは当時とほとんど変わりはなく、作業をしていた職員に事情を話して中に入る許可を頂き、数えれば48年ぶりにマウンドを踏みました。その場に立つと遥か遠く固まっていた記憶も少しずつほぐれて、「あっ、あそこにはブルペンがあったんだ。」「そうだ、魚見岳の階段を頂上まで競争で上ったっけ。」濃人監督や小山正明さん、成田文男さんや2年目の村田兆治君の顔が浮かんで当時の事が走馬灯の如く次から次に思い出されてきました。球場以外の周辺はすっかり変わって、球場の横にはサブグラウンドあったのですが全天候型の陸上競技場になっていました。ここは当時投手陣の練習場で、投内連係やサインプレーと体力強化のトレーニングを重ねた場所だったのです。

ここで再起しないとプロ野球人生が終わってしまうと強い決心で臨んだキャンプでした。11年間の選手生活を振り返ってみると、この指宿キャンプが重圧もあり必死の覚悟でしたから、一番練習したキャンプだったと思います。

その年は、再度抑え投手に復帰し15勝を挙げて最優秀防御率賞を獲得し、プロ野球界でやっていく自信が少し芽生えた年になりました。

5　恨みを晴らすオールスターゲーム

私は現役生活11年間で5度のオールスターに出場していますので、その思い出話を少ししてみましょう。私が初めてオールスターに出場したのは、入団して4年目、22歳の時でした。監督には、推薦で選んでくれたお礼方々挨拶し、コーチ、先輩選手にも挨拶をして回りました。何せ周りは各チームのスターばっかりですから緊張の連続だった事を思い出します。

現在はセ・パ交流戦があり、互いに競う場所がありますが、我々の頃はオールスター戦か日本シリーズ位しかありませんでした。当時は、人気のセ・リーグ、実力のパ・リーグと言われていましたが、平成17年に始まった交流戦ではパ・リーグが勝ち越す事が多く、以前と図式は変わらないようですね。今ではパ・リーグも観客動員数や人気の面でセ・リーグと変わらない位になっていますが、当時はセ・リーグの方がファンの数が圧倒的に多く、そして華やかでした。それに対して我々パ・リーグはスタンドのファンも少なく暗いイメージが付きまとっていましたから、選手達は、セ・リーグに対して常にひがみと妬み、羨ましさを持っていたのは確かですね。

そんな時代のオールスターゲームですから、ここで普段の「恨みを晴らす」為に燃えたのは当然でしょう。オールスターゲームは「お祭り」などとよく言われますが、当時のパ・リーグのベンチはそれどころではありませんでしたよ。先頭に立ったのがあの東映フライヤーズ（現：北海道日本ハムファイターズ）のスター選手の張本勲さんです。ガッツの塊でしたから、選手をロッカーに集めて「セ・リーグに負けるんじゃねーぞ！勝ってパ・リーグの人気を上げるんだ！良いか、絶対に勝つぞ！」と檄を飛ばしたものです。当時は3試合あって2勝した方にボーナスが出ていた関係もあって、否応なしに気持ちを煽られたものでした。

オールスターゲームともなると、ベンチの前列には各チームのベテラン選手が場所を占めているのが通常なのですが、パ・リーグはそれこそ勝つ為の戦いですから「若いのはベンチの前で声を出せ！」の一言で大変な活気がありました。真剣勝負でいながら楽しめたオールスターゲームでしたね。

オールスターゲームでもう一つ忘れられない事があります。南海ホークス（現：福岡ソフトバンクホークス）の野村克也さんとバッテリーを組んだ時でした。打者は巨人軍の王貞治さんです。野村さんのサインは全てスライダーで、一本足打法の軸足（左足）の膝元めがけて「出し入れ」させるんです。私はスライダーに多少自信がありましたが、野村さんは何かを企んでいると感じましたね。

私にとってもオールスター戦は貴重な機会です。何と言ってもセ・パ両リーグの素晴らしい選手ばかりですから、変化球の投げ方などを教わったり、話の中で情報を集めたりする良いチャンスでもありました。しかし、相手も簡単には教えてくれません。自分の財産ですからね。

6　巨人軍との日本シリーズ

プロ入りした頃は1日でも早く1軍に上がる事を目標にし、1軍に定着するようになると新たな目標として、より良い成績とリーグ優勝が目標になります。そうなるとプロ野球の覇者として君臨している巨人軍を倒して日本一になる事を夢見るようになってきます。

私がプロ入りした年には既に巨人軍は川上監督の下、昭和40年から始まったV９のスタートを切っていたのです。そして、私はプロ入り５年目にリーグ優勝し、その巨人軍を倒すチャンスが巡って来たのです。

前年に抑え投手で最優秀防御率のタイトルを獲得し、この年は先発に転向して21勝を挙げＭＶＰのタイトルを手にした私は、23歳で自信らしきものを持ち始めた頃でした。巨人は既にV５を達成してチームも選手も日本シリーズの戦い方を知りつくし、脂の乗り切っていた時期でもあったのです。

王さん、長嶋さんをはじめ、高田、柴田、末次、黒江、土井、森選手ら錚々たるメンバーは、私がプロ入りする前からのスターが勢揃いです。特に王さん、長嶋さんにオーラを感じては、闘う前から気後れしてしまうと、自らを叱咤激励したものです。投手は同い年ながら既に巨人のエースとなっていた堀内恒夫君、そして、高橋一三、渡辺秀武投手などでした。当時のパ・リーグはセ・リーグと比べるとマスコミの取り上げ方にも大きな差があり、我々はいつも不満に思っていたものですから、パ・リーグ代表としてのプライドを持っての戦いでもあったのです。夢にまで見た巨人との日本シリーズは力を試す最高の舞台で、私にとって失うものはありません。平幕が横綱に戦いを挑んで行くだけです。

私がこのシリーズの第１戦の先発を濃人監督から告げられたのは５日程前でした。チームには大エースで超ベテランの小山正明さんと、私より１歳上の仲良しでありライバルである若きエースの成田文男さんがいたのです。成田さんは25勝を挙げて最多勝利賞のタイトルを獲得していて、誰から見ても先発最有力候補でした。「先発は俺かお前のどちらかだろう。とにかく頑張ろうぜ！」東京育ちの成田さんも打倒巨人軍に燃えているのが伝わってきました。後に聞いた話ですが、スタッフ会議で相当に議論があったようで「巨人の先発は堀内だろうから、木樽は第２戦にした方が良い。」「いや、初戦は大事だから木樽で行くべきだ。」と、結局後者になったのでした。

巨人の選手達を想定し、データをもとに投球練習をしましたが、最終的には如何に自分の投球をするかに思い至った時、精神的にずっと楽になったのです。

第１戦は予想通り堀内君との投げ合いになり、延長11回に黒江選手にサヨナラホームランを打たれ０－１で悔しい負けでした。結局、１勝４敗の惨敗に終わり、相手は横綱とはいえパ・リーグ代表としては悔しい負け方でした。ただ、悔しさの中に、「延長10回まで「０」で抑えたんだ。」と思うと自信も感じる事が出来たのでした。

５試合中４試合に登板し20回１／３イニングを投げ０勝２敗で終わってしまいましたが、この投球回数は、５試合行われた日本シリーズの最多イニングの記録として今も残っています。

この敗戦は私にとって今後の戦いに貴重な経験として体に刻まれたのです。次に巨人と対戦するまでもっともっと成長していなくては勝てないと。この敗戦の悔しさを強くずっと持ち続ける事が、夢を叶える事に繋がるからです。

7　なくて七癖

打者が投手の投球の癖を研究する事は悪い事ではありませんので、12球団とも必死で相手球団の投手のビデオテープを観て研究します。球団によって違いはありますが、それ専門のスタッフがいてビデオ室にこもりっきりで探しています。新人に対しては特に熱心にやらなくてはなりません。

厄介なもので、人には「なくて七癖」と言われています。何せ野球を始めた小学生の頃からずっと付いて回っていたものですから、簡単には矯正出来ません。癖には良いものと悪いものがありますが、たいていは悪いものでしょう。ここでは主に投球の癖に絞ってお話ししたいと思います。

私は投手ですので投球の癖については非常に苦い経験をしました。投球する時には振りかぶるのと、セットポジションでの投球があります。そこに球種の癖がつい出てしまうんです。球種によってボールの握り方が違いますので、そこが落とし穴なんですね。グラブの中のボールを握る手の角度、両腕の張り方、足の上げ方、足や腕の振り上げる速度等々です。探せばもっとあります。何せ「なくて七癖」ですから。

相手投手だけでなく自球団の投手の癖も研究し、発見したら直ちに矯正しなくてはなりません。打者にとって球種が事前に分かっていれば当然ヒットの確率は高くなります。チームの勝敗や給料に直接響いてきますよね。投手は抑えてナンボですから、生活が懸かっていますので必死になるのは当然です。

この癖を見る技術はアメリカから伝わったと言われています。張本勲さんはメジャーの大打者が書いた本を読んでヒントを得たと言っていますから、先駆けして掴んだ「新技術」が大打者を育てたと言っても過言ではありません。勿論それだけでは日本プロ野球界での最多安打の達成は出来ません。私も張本さんに痛い目に合っています。打者にとって各球団の投手の癖を多く知っている事は選手としての「財産」ですから、当然、公にする事は絶対しません。私が現役を引退してから張本さんに聞いたら、やはり球種が分かっていたと言っていました。

もう１人います。阪急ブレーブス（現：オリックスバファローズ）の福本豊君です。あのシーズン１０６盗塁の日本記録を持つ盗塁王です。球種も然る事ながら、一塁けん制の癖も盗んでいたんですね。いくらけん制をしても１回もアウトになりません。私はそんなにけん制が下手な方ではなかったのですが、これも本塁投球とけん制の癖が分かっていたと後で言っていました。歯ぎしりばかりで悔しい思いを随分しましたね。やはり「なくて七癖」なんですね。

高校野球界でもこの研究が行われているのは確かです。高野連ではビデオ撮りは禁止になっていますが、ライバルチームの投手を研究しているようです。現在、コーチとして携わっている銚商の選手にも癖の矯正の指導をしていますが、勝つ為にいろいろな努力が必要なんです。やる事がいっぱいあるのです。

8　アリゾナキャンプ　～所変われば品変わる～

今回はアリゾナキャンプの話をしたいと思います。昭和45年にリーグ優勝した翌年でした。アメリカ・アリゾナ州の州都フェニックスから車で数時間のところにあるカサグランデという町に、サンフランシスコ・ジャイアンツ球団のキャンプ地があります。乾燥地帯で周囲は西部劇に出てくるような背の高い大きなサボテンが岩場から林の如く立ちならんでいて、今にもインディアンが出てきそうなところでした。そこで、ジャイアンツと合同キャンプを行ったのです。メジャー球団のキャンプ地はやはり日本のキャンプ地とは桁違いで、球場は背中合わせに4面あり、プール付きのホテルが隣接していて、18ホールのゴルフ場まで備わっているのですから、その規模にびっくりでした。

キャンプ中、クラブハウスで衝撃を受けた事がありました。ジャイアンツの投手がバケツに肘を突っ込んでいたのですが、何と中身は氷だったのです。当時の日本では「冷やすな、温めろ。」だったのが、アメリカでは全くの正反対をやっているのですからびっくりです。「あいつ馬鹿な事をやっているぞ。

見てみろよ。」と、数人で冷やかしていました。通訳に聞いてもらったところ、アメリカでは投げた後は関節の熱を取り、疲労回復の為にこうするのだというのです。現在では日本も当たり前のようにアイシングをやっていますが、当時の日本のスポーツ医学が如何に遅れていたかという事です。

人間どこに居ても頭髪は伸びるもので、街まで車を出してもらって床屋に行った同僚が、「いきなり電気バリカンで刈られてしまった。」と無残な頭で帰って来ました。その姿を見た他の選手たちは、トレーナーから借りた医療用の鋏でめいめいに刈りっこしたのですが、もっと無残になってしまい「帰国までには何とかなるだろう。」と、慰め合っていましたっけ。

キャンプ地カサグランデからバスで片道2時間位の範囲には、他にもメジャー数球団のキャンプ地がありました。キャンプ後半になるとそれらのチームとオープン戦が組まれました。オープン戦をやるうえで投手にとって戸惑ったのが試合での使用球でした。メジャーの試合球を使用したところ縫い目が高くて一回り大きく、ボールの皮の質感もザラザラなのです。投手の手は敏感ですから、少しの違いでも直ぐに分かります。当時は現在のように日本選手が頻繁にメジャーに挑戦出来る時代ではなく、選手もそのような意識はなかったのが実情です。私にとって初めてのメジャー選手との対戦は、体のパワー、スピード、身長全てにおいて圧倒された感があったのは確かでしたが、一方で私にもう5、6㎝身長があって190㎝近かったら「もしかしてやれるかな。」と密かに思ったりもしました。

当時の投手陣は、御大の小山正明さん、坂井勝二さんのベテラン勢が居たのですが、私にとって他球団の同年代の選手は勿論、チーム内の成田文男さんが最大のライバルで、常に追いつけ追い越せでした。2歳下の村田兆治君も少しずつ力を付けてきている状況の中で、互いのライバル意識は相当なものでした。ピッチングを一緒にすると相手が終わるまで辞めないとか、ランニングをしていても自分からは絶対に終わらないなど、思えばその意識が互いの力を高めていったのです。

9　開幕投手

毎年、開幕投手は事前に発表されますが、やはり開幕投手はそのチームのシーズンを占う重要な役割を担っている訳です。私には開幕投手にまつわるエピソードがありますのでお話しします。

私が初めて開幕投手を務めたのはプロ入り5年目の事でした。そして次の年、アリゾナキャンプ中に濃人監督から2年連続で開幕投手を言い渡されたのでした。しかし、開幕投手に決まった事で、私の帰国に対して大揉めに揉めたのでした。

アリゾナキャンプ終盤に、帰国に向かってサンフランシスコからロサンゼルスへと移動しながら、メジャーとのオープン戦が組まれていたのです。日本での開幕戦から逆算すると、サンフランシスコで先発して帰国するのが開幕投手としてベストでした。しかし、メジャーとの試合で好投をした事もあって、アメリカ側は興業的に「木樽投手が居ないと困る。」と言い出し、ロサンゼルスでの登板を要求してきたのです。当然、そこまで滞在すると開幕戦まで帰国後3日間くらいしかなく、日本との時差や気温差を考えるとコンデション作りに自信が持てないと訴えました。すったもんだの末、やっと私の要求が受け入れられて1人サンフランシスコから帰国したのでした。「絶対に勝たないといけない。」と心に言い聞かせた開幕戦は、近鉄のエースの鈴木啓示君と投げ合い、負けてしまいましたが、その悔しさをバネにこの年は24勝を挙げ、最多勝のタイトルを獲得出来たのでした。

４度目の開幕投手を告げられたのは金田正一監督の時でしたが、私にとってこれまた大きなアクシデントに見舞われてしまったのです。静岡県の草薙球場で巨人とのオープン戦最終戦に先発した時の事でした。試合中ピッチャーライナーを右顔面に受けてマウンド上で昏倒し、頬を触ったらジュクジュクしていて自分でも骨折したと感じ、「開幕投手は絶望だな。」と覚悟しました。この試合はちょうどテレビ中継があって「木樽　意識不明」のテロップが流れて大変な騒ぎになりました。

結局、４度目の開幕投手を務める事は出来なかったのですが、金田監督をはじめ、ご家族の看病のお陰で４月中に復帰する事が出来たのでした。

10　鴨池キャンプ　～若き日のワンシーン～

平成30年の大河ドラマは「西郷どん」でしたが、私も大いに興味があり観ていました。なぜなら長いプロ野球生活のキャンプ地として、選手時代からコーチ時代を含めて数多くのキャンプを行ってきたのが鹿児島でしたから。ロッテ球団が本格的に鹿児島市内の鴨池球場でキャンプをしたのは、金田監督が就任してからでした。

昭和48年で私が8年目の時でした。ロッテの宿舎である「鹿児島サンロイヤルホテル」は、当時まだ工事中で足場が組んであり工事車両などが行き来している状況でしたから、一同ビックリしたのは当然でしょう。我々が宿泊する7、8階だけが完成していた状況でした。たぶんホテル側もロッテの気持ちを受け入れ、急いだ事でしょう。

ホテルからの眺めは最高で、桜島がホテルにおおいかぶさって来るようでした。キャンプ中に噴火に数回遭遇しましたが、爆発音と共にホテル全体が揺れ、窓ガラスが割れんばかりの音で飛び起きた事もありました。夜などは今まで見た事もない、地球規模の「花火」で凄い景色でした。

鹿児島キャンプ中に雪が降った事があり、5、6㎝も積もって一面雪景色になりました。「指宿に移動だ！」と、例の如く金田監督の即決で、急きょバスを手配して一路指宿球場へ。南へ50㎞程でバスだと1時間半はかかりましたが、さすがにここまで来ると雪はなく、ここのキャンプを経験している選手達は当時を懐かしがっていました。それも束の間、散々走らされたあげく、鹿児島市内に帰って来たところ、夢でも見ているが如く、あれだけ積もっていた雪が全く消え失せていた事には全員が呆気にとられました。活火山の桜島を控えているこの土地柄で地熱が高いと説明された時は、全員が納得しましたね。

厳しい練習後の楽しみは、食事と部屋でくつろぐ事でした。ある時誰かが、「アルコールで一番汗が出やすいのは何だ?」と言い出しました。「それなら毎日代わる代わる飲んで試そう!」となったのです。有藤通世さん、成田文男さんをはじめ同じような年代６、７人が居たでしょうか。皆まだ若く血気盛んな頃でしたから、ある部屋で、今日は日本酒、明日はウイスキー、そして焼酎、ワインとやったものでした。それこそみんなで勢いを付けて全員が楽しんで飲んだものです。結果は満場一致で「芋焼酎」でしたね。ランニングしてすぐに出る汗が軽いのです。反対に出が良くないのが日本酒でした。若い時のバカバカしいキャンプでのワンシーンが懐かしく思い浮かびます。

11　中日との日本シリーズ

昭和49年の日本シリーズの中日ドラゴンズとの戦いの話をしてみたいと思います。この年は私に思い出深い素晴らしい出来事がありました。母校の銚商がエースの土屋正勝君、キャプテンの宮内英雄君の活躍で全国優勝した年でした。後輩の素晴らしい活躍に大いに刺激を受けた事を鮮明に覚えています。そのお蔭もあってロッテもリーグ優勝し、日本シリーズでは中日ドラゴンズを破って日本一になれたと思っています。

当時は前期、後期に分かれて優勝を決め、決定戦で勝ったチームが日本シリーズに進出するシステムでした。決定戦は阪急ブレーブスと戦って勝ち、日本シリーズ進出を決めたのですが、昭和48年からそれまでのホームグラウンドであった東京球場が使用出来なくなり、仙台の宮城球場（現・楽天のホームグラウンド）を準フランチャイズとしたのです。いわゆるジプシー球団となったのでした。オールドファンは懐かしく聞こえるでしょうが、選手やスタッフは移動が大変だったんですよ。決まったホームグラウンドがない訳ですから。よく日本一なったと思いますよ。日本シリーズ開催球場は後楽園球場でした。準フランチャイズの宮城球場の観客収容人数が少ない事が理由でしたが、仙台のファンの人達には申し訳なかったですね。

一番印象深い試合は何といっても私が先発した第5戦目ですね。中日の先発投手は若きエース、千葉県の成東高OBの鈴木孝政君です。また、高校時代最大のライバルだった習志野高OBの谷澤健一君も中日の主力打者として立ちはだかっていました。互いに2勝2敗で迎え、チームとしては勿論、私としては千葉の後輩に負けられないし、谷澤君にはそれ以上に負ける訳にはいきません。気合いが入りました。結果、2—0で2安打完封勝ちをしました。後楽園球場は、あの4年前に巨人との日本シリーズでサヨナラ負けした球場ですから、余計に気合いが入りました。ロッテは勢いに乗り、第6戦は村田兆治君が踏ん張って日本一になりました。

因みに、中日のエースは勿論星野仙一投手。シリーズの第１戦の中日球場で互いにリリーフで登板し投げ合っています。星野投手は１つ年上ですから、リーグは違えど互いにライバルとして意識していたのは確かでした。星野仙一さんの訃報を知り、大きなショックを受けたのは私だけではないでしょう。以前から健康に不安があると耳にしていましたが、こんなに早く逝ってしまうとは。

私はこのシリーズ１勝０敗、星野さんは１勝２敗でした。星野さんのあの性格からして、相当に悔しがった姿が目に浮かびます。

その後、時代は下って、私は巨人軍の編成部として楽天の久米島のキャンプ地に行き、久しぶりに星野監督を訪ねた時、抱きしめんばかりに大歓迎をしてくれた事を思い出します。激しさの中に優しさを持った人、握手した手のぬくもりが蘇ってくるようです。ご冥福をお祈りします。

12　思い出の球場　～東京球場～

私が入団当時の東京オリオンズのホームグラウンドは東京球場でした。球場は荒川区で下町にあり、ＪＲの「南千住」、地下鉄日比谷線では「三ノ輪」が最寄駅で、球場までどちらからも徒歩で10分以上もかかる、お客さんにとっては立地条件の悪い球場でした。密集した下町にまるで大きなＵＦＯが光を放って着陸しているようで、冬にはスケートリンクになり、レフトの地下にはボーリング場がある、当時の野球場にはない一大娯楽施設だったのです。大映の社長であった永田雅一オーナーが私財を投じて建てた球場でしたが、結局10年間使用しただけで解体されてしまったのでした。

メジャーリーグのドジャースの球場を参考にしたという事で、観客席はカラフルで、内野は芝生でセパレートされていて、どこにもない都会的な雰囲気が田舎から出てきた私の眼にはきれいで素晴らしい球場に映りました。

しかし、プレーする投手にとって球場の狭さは致命的で、現役中に何度泣かされた事か知れません。打者連中はその逆でホームランの出やすい球場として歓迎されていたのです。ある日の近鉄バファローズ戦でした。9回表まで1—0の完封目前で、打者は外国人でパワーのあるボレス選手。打ち取ったと思った打球がふらふらとライト方面に上がり、観客席の最前列に入って2ランホームランになってしまったのです。完封どころか勝利まで逃した苦い思い出です。

入団当時の東京オリオンズは弱く、球場の立地条件もあり、あまりお客さんが入らず、下町特有の野次も球場全体に響いてのどかな雰囲気でもありました。私が東京オリオンズに入団した事で多くの銚商OBの皆さんも応援に見えて、「お前を応援に行ったよ。」と、多くの方が東京球場を懐かしんでくれます。

プロ野球が使用する球場は全国に多くありますが、球場によって投げやすいマウンドと投げにくいマウンドがあります。マウンドの高さは規定で決まっているものの微妙に違いがあって、各球団はチームのエース格の好みに合わせる傾向があります。上手投げだと高めになり、下手、横手投げがエース格だと低めに設定していて、東京球場はというと、当時のエースが上手投げの小山正明さんでしたから、私にとっても投げやすい球場の1つでした。特に内野が天然芝で投手と捕手を結ぶ直線は幅1メートル程が土で、投球の道筋を付けてくれているようで、余計投げやすかったのです。

昭和45年に私にとって初めてのリーグ優勝を果たしたのもここ東京球場でした。優勝した瞬間、私は胴上げ投手となったのですが、ファンが球場になだれ込んで行き着いた先がレフトだった事には驚きました。お蔭で濃人監督の胴上げに参加出来なかったのです。

当時の大映のスターの勝新太郎さんが、座頭市の姿で私が立つマウンドまで杖を突きながら登場した事もありました。初めての巨人軍との日本シリーズの思い出も走馬灯のように流れます。既に球団はロッテに移った後で、永田元オーナーには最後のチャンスでの優勝だったので、我々選手は感謝と共に喜びを分かち合う事が出来たのです。

東京球場の跡地は現在荒川区の公共施設になっていて、東京球場があった形跡すら残っていない一抹の寂しさを感じますが、そこに立つと、球場を照らすカクテル光線、笛や太鼓、野次や歓声などがうねりのように私には聞こえてきます。私のプロ野球のスタートであり青春を燃やした思い出が一杯詰まった東京球場。その姿が鮮やかに浮かんでくるのです。

13　思い出の球場　～後楽園球場～

高校野球のメッカは甲子園球場ですが、プロ野球のメッカと言えば、当時は後楽園球場でした。過去にこの球場で行われた日本シリーズはどこの球場より多く、幾多の闘いやドラマが繰り広げられた歴史的な球場でもあったのです。読売巨人軍と東映フライヤーズ（昭和63年の日本ハムファイターズ時代まで）のホームグラウンドであった事を考えると当然かも知れません。下町の東京球場と違って後楽園球場はビルが林立した都会のど真ん中にあり、それは人の流れも賑やかで同じ東京でも大きな違いを感じたものです。

私が初めてプロ野球に接したのはこの後楽園球場で、甲子園大会が終わった高校3年生の時でした。既に試合は始まっていて、階段を上りきると目に飛び込んできたのがカクテル光線に照らされた鮮やかなグリーンの芝生でした。明るく照らされた芝生に巨人の選手達の白いユニフォームが鮮やかに浮かび上がっていました。夜なのにまるで昼のような明るさに圧倒された事を思い出します。

高校を卒業して東京オリオンズに入団し、巨人とのオープン戦で初めて後楽園球場のグラウンドに足を踏み入れた時、わずか数か月前に観客として居た自分がユニフォーム姿でグラウンドに立っている事に不思議な感覚に陥りました。この時にベースボールマガジン社の依頼で、同い年で巨人軍のドラフト1位の堀内恒夫君とのツーショットで撮った写真は今でもアルバムに輝いています。

後楽園球場での思い出深いことは、昭和45年の巨人軍との日本シリーズと、昭和49年の中日との日本シリーズを闘った事でしょう。

巨人軍との日本シリーズ開幕戦で堀内恒夫君と投げ合って、延長11回で黒江選手にサヨナラホームランで負けた試合は忘れることができません。結局１勝４敗の惨敗でした。

そして、４年後に中日ドラゴンズとロッテオリオンズの日本シリーズは、２勝２敗の第５戦に私が先発して、２対０で完封勝利し、最終的にロッテが４勝２敗で日本一に輝き、自身初の日本一となりました。

後楽園球場は東京ドームとなり、時代と共に古いものは新しいものに代わっても、思い出だけは褪せる事なく永久に残っていくものです。大切にしたいと思っています。

14　思い出の球場　～平和台球場～

平和台球場と言えば遥か昔の響きを感じさせる程、プロ野球のオールドファンには懐かしい名前となりました。かつての西鉄ライオンズ（現：埼玉西武ライオンズ）のホームグランドで、三原脩監督が率いて稲尾投手をはじめ、中西、豊田選手等で黄金時代を築いた事は年配の方ならご存じでしょう。福岡県福岡市にあった球場です。球場の改修工事を進めているうちに、古代アジアの玄関口であった「鴻臚館」（こうろかん）の遺跡が発見された事で平和台球場は取り壊される羽目になり、現在その場所は鴻臚館の遺跡展示場になっています。

平和台球場は黒田藩52万石の居城であった福岡城内にあり、石垣やお堀、櫓など国の重要文化財が多く残っていて、それを横目に見ながらバスで球場入りするのです。野球場の他に陸上競技場などの運動施設もあり、福岡城が如何に広大であったかを偲ばせます。私は入団当時、西鉄ライオンズの稲尾さんや中西太さんとも対戦していて、子供の頃に憧れていた選手達は大きく輝いて見えたものです。私が巨人軍の編成調査室に居た頃、懐かしい平和台球場を久しぶりに訪れた時は既に球場本体はなく、球場の遺構として残されていたライト側の外野席の一部がありました。ホームベースやマウンドなど、あの頃に思いを巡らせながらしばらく懐かしく歩き回りました。

昭和44年、西鉄ライオンズ時代に黒い霧事件で多くの主力選手が永久追放となり、チームは弱体化し、親会社である西日本鉄道（西鉄）が球団を身売りして「太平洋クラブライオンズ」となりました。昭和48年から49年にかけて太平洋クラブライオンズとロッテオリオンズとの通称「遺恨試合」は忘れ難い苦い思い出です。ロッテは金田監督でライオンズは稲尾監督でした。一説には、仕組まれた遺恨試合とも言われていますが定かではありません。

しかし、我々選手側にしたら身の危険を感じる大変な出来事だったのです。遺恨試合になった原因の一つに金田監督の暴言があったと言われていますが、それにマスコミが焚き付けて騒ぎを大きくし、双方のファンを煽るようやったのですからたまりません。血の気の多い博多っ子がチームの弱さの腹いせもあって、両側のスタンドから石やビンなどを投げ込み、試合にならない程だったのです。試合中にデッドボールを与えようものならベンチに引き揚げる投手めがけて暴言と共に物が投げ込まれ、それをよけながらベンチに飛び込む始末で、当たり所が悪かったら大変な事になっていたでしょう。

私が先発した試合ではサードの有藤通世さんめがけてスタンドから瓶や缶、石なども投げ込まれ、危険を避ける為にショート寄りに守ると、そこに相手打者がバントしてくるのですから卑怯千万です。野球をやる環境ではありませんでした。

試合終了になっても球場の出口はファンにふさがれて、バスに物を投げられ、壊されるなど通行を妨害し、最終的には機動隊が出動して我々のバスをホテルまで護衛して帰った事もありました。本当に身の危険を感じた平和台球場での試合でした。ここまで暴徒化を許した事は、当時のパ・リーグ連盟やコミッショナーの怠慢であるのは間違いありません。今では考えられない出来事でした。

悪い思い出だけではありません。地方に遠征で行くと気の合った仲間で夜の繁華街に出るのも楽しみの一つです。博多の繁華街は中洲が有名ですが、天神にあった居酒屋に数人で行った時の話です。カウンターのネタケースに多くの新鮮な魚がありました。一杯やって良い気持ちになり調子に乗って「この鰯は銚子のだろう！」と言ってみたのです。目を見張った板前さんは「お客さん！どうして分かるんですか?」酔いに任せて言ったのにまさか当たるとは。「俺は銚子の生まれだから顔を見れば分かるんだよ。」板前さんは2度びっくりしていましたが、なぜか納得顔していましたっけ。当時の博多では銚子の鰯がブランド品で2割程高いとの事でした。私も嬉しさのあまり調子に乗り銚子の自慢話が過ぎてしまい、鰯を贈るはめになったのは想定外の出来事でした。博多の夜の楽しい思い出です。

15　引退を決断した日

昭和41年、プロ入りした若き日の私は不安と希望を持って夢に向かって走り出しました。1年目は期待に応えられず3勝止まりで、今年こその意気込みで臨んだ2年目。当時まだ現在のように確立されていなかった投手の分業制である先発、中継ぎ、抑えの方式を東京オリオンズは採用したのでした。その「抑え」に私が抜擢されたのです。

現在のように1試合に1イニング限定ではなく、1試合に3イニングも投げ、それも連投でしたから相当な身体の負担になったのは確かでした。先輩から「そんなに投げたら潰れるぞ。」と忠告を受けた事もありましたが、私としてはプロでやる為にもここで結果を出さなければと、必死の思いでの連日の登板だったのです。しかし、先輩の言葉通り不幸にも腰痛という今まで経験した事のない「障害」を負う事になり、結果的に選手生命を縮める事になろうとは。

アスリートは自分のパフォーマンスが出来なくなった時、引退しなくてはならない運命にあります。第一線で1年でも長く活躍出来るよう最善を尽くすのは当然ですが、いずれそれも出来なくなった時、引退という道を選ぶしかないのです。年齢からくる衰えも然る事ながら、少年時代からの故障や怪我を乗り越えて来たアスリートは、その持病によって意に反して予想より早く身を引く事にもなるのです。

２年目のシーズン途中で腰に異常を感じても尚、登板を重ねているうちに更に歩行も困難になる程悪化し、東京の虎の門病院の名医に診察を受けたところ、「この腰では野球は無理だ。まだ若いのだから手術して人生をやり直した方が良い。」この宣告は絶望以外の何物でもありませんでした。しかし、ここでやめる訳にいきません。藁をもつかむ思いであらゆる治療の情報を全国から探しました。

その一つに金針治療があると、当時の濃人監督に教わり、広島まで祈る思いで出掛けました。広島の片田舎のおばちゃん先生が金針を体に入れ、それの途中を鋏で切って体に埋め込むという治療法でした。その治療が良く、針は50年以上経った今でも肩、腰、肘と数十本も入っています。

入院、治療を重ね、懸命なトレーニングで痛みをなだめながらようやく復帰したのが１年半後でした。復活した４年目に再び抑えをやり、最優秀防御率のタイトルを獲り、次の年は21勝でリーグ優勝とMVP、また、翌年には24勝で最多勝と、３年連続でタイトルを獲得するまでに復活出来たのでした。しかし、私の心にいつもあったのは「太く短く生きる」だったのです。常に腰痛と戦いながらの投球は他人には分からない部分であり、徐々に悪化していく不安との戦いでもあったのです。７年目のシーズンの登板中に突然肩の痛みに襲われ、結局その年は９勝止まりとなり、自分の投球が出来ないと決断し、シーズンオフに引退を申し込んだのでした。しかし、来シーズンから新監督に就任する事に決まっていた金田正一さんと球団社長、代表の数度に渡っての懸命な説得に、とうとう根負けし引退を撤回したのでした。

上手に渡り歩けば選手生活をもっと長く出来たでしょうが、何事も全力でやらないと気が済まない性分も選手生命を縮めた大きな要因であったのも確かでしょう。結局、金田監督の下4年間で14勝、13勝、5勝、0勝で最終を迎える事になったのです。私は常に「引き際」を意識していて、「ぼろぼろなって惨めな辞め方はしたくない。」の一心でした。私の体の状態は妻が一番良く知っていて、温湿布、痛み止めの薬、時にはマッサージなど、痛みで寝られない姿も見ていて、一緒に苦しんだ妻にもこの辛さから開放させてやりたい思いでした。そのシーズンオフに球団に引退を申し込み、選手生活11年間、29歳でピリオドを打ったのでした。しかし、苦しんだ分その後の指導者として、また、スカウト活動、編成部での仕事にその経験が大いに役立ったのは、苦労した者だけが頂けるプレゼントだったのかも知れません。

≪プロ野球通算記録≫

112勝80敗　勝率.583

≪タイトル≫

最多勝利投手賞：　1回（24勝　1971年）

最優秀防御率投手賞：　1回（1.72　1969年）

≪表彰≫

最優秀選手賞（MVP）：1回（1970年）

ベストナイン賞：　1回（1970年）

≪オールスターゲーム出場≫

5回（1969年 - 1971年、1973年、1974年）

第2章　スタッフ舞台裏

ロッテ２軍コーチ時代

1　ドラフト制度

昭和41年にドラフト制度がスタートしましたが、実は私が入団した時がドラフト1期生だったんです。また、私はロッテマリーンズのスカウト部長を11年間務めた事もあって、ドラフト会議の席にも参加しました。

そもそもドラフト会議とはなんなのか。なぜ取り入れられたのでしょうか。

昭和40年までは自由競争だった為に、好選手は奪い合いになっていました。当然契約金は高騰して球団経営を圧迫したのでした。そして、資金豊富な球団に良い選手が偏ってしまう事を防ぎ、戦力の均衡を図る意味もあってスタートしたのです。

50年もの間には指名方式に多くの変遷がありました。例えば年2回あった年もあり、逆指名方式や自由枠、希望枠方式等々いろいろありました。現在のドラフト制度は、1位指名については12球団が同時に提出し、重複した選手はその球団同士の抽選で決めます。2位指名は、ペナントレースの下位球団から順に指名し、3位は上位球団から指名します。4位以下はその繰り返しですね。現在は育成選手ドラフトもあって、力が足り無いが鍛えたらもしかして、と言う選手がここで指名されます。何人かここから一流の選手に育ったケースがありますね。巨人軍の山口鉄也投手が典型的でしょう。最近ではソフトバンクのエースとなった千賀滉大投手、甲斐拓也捕手も育成出身です。

ドラフトは甲子園を沸かした多くの高校球児が指名されます。毎年、誰がどの球団に指名されるか気になるところですね。

プロ野球選手になるには全てこのドラフト会議を経てこなければなりません。全国の高校生、大学生そして社会人、今は独立リーグの選手もこの対象になっています。プロ野球選手に憧れて小さい頃から野球を続け、努力してようやくプロの指名を受ける事が出来るのです。家族の支援は勿論、応援してくれた人々に感謝ですね。しかし、プロ入りが実現出来るのはほんの一握りの人なんです。そして、１軍で活躍出来る人はそのまた僅かなんですね。でもほんの僅かでも可能性があるなら、その夢を実現する為に全力で立ち向かう事も男として素晴らしいと思いませんか。

指名の喜びの姿をテレビで見ますが、プロ入りはまだ「小さな夢」の実現です。もっと「大きな夢」はその先にあるんですね。スタートに立っただけなんです。「大きな夢」を実現する為には、今まで以上の努力が求められます。そして、激しさ、厳しさ、強さも求められるでしょう。全てに打ち勝って「本当の夢」を是非、掴み取って欲しいと思います。夢多き若者に最大のエールを送りたいと思います。

2　私とドラフト会議

最近はドラフト会議がテレビ中継されていますので、見たことのある方はおおよそのドラフト会議の雰囲気は分かるでしょう。我々当事者にとってはドキドキものなんですよ。特にドラフト1位が重複して抽選となった時はなおさらです。

どの球団が誰を1位指名するか球団同士で情報合戦になります。また、球団によって補強ポイントが違いますので情報収集能力に長けていないといけない訳です。出来る事なら重複は避けたいところなんですね。

平成7年のドラフト会議で我がロッテは銚商の後輩である澤井良輔君を1位で指名しましたが、ヤクルトスワローズも澤井君を指名して抽選になりました。確率は五分とは言っても、このときは緊張しました。当たった時は思わず「バンザイ」が出てしまいました。

選手からすると、指名されるかどうか不安になるところでしょう。上位指名候補選手は問題は無いのですが、下位候補選手はどうなるか心配なところですね。また、球団によって選手の評価が違う訳ですから、ふたを開けてみないと分からない面もあります。

指名されたからと言ってすぐにプロ野球選手になる訳ではありません。先ず指名した球団は、選手の所属の会社なり学校に指名の挨拶をしてから、選手本人に正式に挨拶をしに行くというプロセスがあります。あくまで形式的ですけどね。指名した各選手に担当スカウトがそれぞれ居ますので、スカウト部長同伴で挨拶に行きますが、中には監督自ら1位指名選手の下に出かける事もありますね。スポーツ新聞の一面を飾る光景を見た方も居ると思います。やはり球団の印象を良くし、如何に期待を掛けているかを表したいからなんですね。

私が携わっていた頃は、逆指名、希望枠、自由枠と言って選手側が球団を選べる制度があって大変でした。セ・リーグや人気球団は良いのですが、当時のロッテマリーンズは今と違って人気が無く、上位候補の選手からは敬遠されていました。理由として、「弱い」「ケチ」等あったのですが、しかし、1位は指名しなくてはなりませんよね。これが大変だったのです。実績のある選手や、人気のある選手は当然ロッテを指名してくれません。そこで隠れている1位候補を見つけ出すのです。1位は契約金が1億円、出来高が5000万円、年俸1500万円と決まっています。いくら会社のお金でも指名には勇気がいりましたね。白分のクビを賭ける思いでした。

平成17年、バレンタイン監督の下、ロッテが日本一になった時の中心選手は、当時私が獲得した選手達でしたので、一度に苦労が報われた思いでした。

スカウト活動は奥が深く、悲喜こもごも多くの思い出があるのです。

3　プロ志望届

シーズンが終盤を迎え、優勝争いやクライマックスシリーズ出場権をかけた争いから遠ざかっているチームは、来年の戦力を考えて若手の力を試す期間となります。また、成績が低迷していると監督交代も発表される頃でもあります。選手、監督、コーチ共に厳しい季節でもあるのです。

この時期にフロントと2軍スタッフが編成会議を開き、ドラフト会議での補強に伴う、戦力外選手の選定が行われているのです。各球団では定員が決まっている為、ドラフト会議で指名する補強人数がある程度決まると、その人数分だけ戦力外選手を選ばなければなりません。いわゆる「クビ」になる訳です。

華やかな1軍と違い、2軍には若手の有望選手、2軍生活が長く向上心を無くしてしまっている選手、故障や怪我に泣いている選手などいろいろな境遇の選手がいて、それらの選手を査定していきます。これは毎年行われる行事でもあり、プロ野球界の厳しい現実がここにあるのです。

私も2軍投手コーチや2軍監督時代にはその編成会議に加わっていた事もあり、選手たちには「一日一日を大事にしなさい。」「1軍に上がる希望をしっかり持ちなさい。」と後で泣きを見ない為にも緊張感を持って生活させようと叱咤激励していたのでした。

一方、この時期になると甲子園で活躍した高校球児たちが続々と「プロ志望届」を出すのです。将来有望な高卒選手の成功のカギの一つはどの球団に指名されるかにあるでしょう。高卒選手が育ちやすい環境にある球団とは、例えば広島カープ、日本ハム、ベイスターズ、ソフトバンクなど。巨人や阪神などいわゆる「外野がうるさい」球団はどうでしょうか。とにかく成功してプロ野球だけでなく野球界を大いに盛り上げてくれる事を期待したいと思います。

ところで、このプロ志望届とはなんなのか。なぜ取り入れられたのか。これはある事件がきっかけに出来た制度なのです。

大分県別府市にある別府大付属高校に素晴らしいキャッチャーがいると、ロッテの九州担当スカウトから私に連絡がありました。まだ春でしたが、別府まで飛んで行き、一目見てドラフト1位の器と感じた選手は、やがて他球団も知るところとなりました。その選手の名前はダイエーホークス（現：福岡ソフトバンクホークス）が平成６年のドラフト会議で1位指名した城島健司捕手です。進路は駒沢大学進学と発表されていたのですが、そこに強引にダイエーが1位指名して大騒ぎになったのです。これはダイエー側と駒沢大側が示し合せての結果であったのは言うまでもありません。

皆さんは覚えているでしょうか。昭和60年にはＰＬ学園の桑田真澄選手が早稲田大進学と公表していながら、その年のドラフト会議で巨人が1位で指名し、入団した経緯がありましたね。ＰＬ学園で同僚だった清原選手が悔し涙を流したシーンが思い出されます。これはあまりにもアンフェアだと世間のバッシングを受けました。アマチュア側とプロ側の話し合いの結果、プロ志望届で進路をはっきり表明する制度が出来たのです。

プロ野球界はただ憧れだけでは通用しない世界です。日本中から選ばれた選手だけではなく世界中の外国人選手も集まって戦う世界です。男子として生まれて野球を志したからには、一度は戦ってみたい世界であるのがプロ野球なのです。戦いに敗れるか勝利するかは本人次第です。毎年多くの有望選手達が勇敢にプロ野球界に飛び込んで来ますが、それらの若者達にもろ手を上げて声援を送りたいと思います。

4　スカウト活動シリーズ　甲子園と黒木知宏

ロッテマリーンズのスカウト部長時代に都合11年間、高校野球の選抜大会を現地で観戦していますが、この時期のスタンドでの観戦は体力的に厳しいものがありました。日程によって3、4試合を観戦し、選手を見て評価する訳ですが、何と言っても時間も然る事ながら、気候が不順で、1日の気温差があったり時には雨も降ったりして防寒対策も必要で、忍耐勝負の仕事でした。

甲子園大会には多くの高校生チームが試合観戦に来ます。我々スカウトはネット裏でこれらの生徒の様子も観察しています。ユニフォームや学生服など、服装がしっかりしているチームもあれば、だらしない格好をしているチームもあります。一目で強いチームかどうか分かります。指導者の姿が生徒の姿として表れている訳です。それがプレーに反映されるのです。指導している銚商で私が常日頃挨拶や服装、整理整頓をやかましく言っているのはここなんです。銚商の生徒をしっかり指導し、生徒たちの目標である甲子園のあの素晴らしい感動を体験させたいものです。

選抜大会の時期はドラフト会議まで半年以上ありますから、浅く広く選手のリストを作成しておき、練習試合や春季大会、そして、夏の予選で徐々に絞っていく訳です。特に高校生はある時期に一気に成長する選手もいて観察は怠れません。それにしても今の選手は、体型は勿論ですが、投手の質の高さ、打者のスイングの速さなど、全てにおいて高いレベルです。ウェイトトレーニングが発達し、体幹を中心に鍛え上げてパワーが向上し、更にピッチングマシーンや室内練習場が出来て、いくらでも打撃練習が出来る時代になっています。また、金属バットですから芯を外してもパワーで打球は飛んでいきます。投手は相当にコントロールと落ちるボール、そして、タイミングを外す技術が要求される時代になっています。

春夏合計22回の甲子園大会観戦の中で、思い出深い選手の話をしましょう。

平成３年の夏の甲子園大会に宮崎県代表の延岡学園のエースとして登板した投手が居ました。12球団の１００名程いるスカウトが見ても目に留まらなかった無名選手でした。やがてその選手は社会人野球の王子製紙春日井に入り、３年後にドラフト会議で逆指名するまでに成長したのです。それがロッテマリーンズのエースとなった黒木知宏君でした。

私にとって大変印象深い選手です。実は入団にこぎつけるまでに、我々と会社側との間に確執が生じて苦労しました。会社側はせっかく育てた選手ですから出したくない。選手はプロ野球を目指して毎日頑張って来たのですから、この機会を逃したくない。そして、我々球団としては無名の内に指名したい。それぞれの思惑の中での戦いでした。

担当スカウトから黒木選手にロッテ入団の意思の確認を取り付け、水面下で活動させたのです。監督には事前にドラフト指名の了解を取っていたのですが、社会人の場合は最終的には会社の取締役である野球部長の了解が無いと指名出来ません。話し合いの席で、野球部長から「入団３年目でようやく育ってきたばかりだ。陰でこそこそ動いているようだが、絶対に出せない！」と、罵られたのです。冷遇されている証しである出された水を一口飲み、「私はロッテ球団、いや、ロッテ企業を代表して挨拶しているのです。その言葉は重光球団オーナーに向かって言っている事と同じです！」時間をかけ、結局こちらの熱意が通じ2位指名し、結果ロッテのエースに成長しました。

地元の宮崎で行われた黒木選手の結婚披露宴の席で、久しぶりにその野球部長と再会した際に、「木樽さん、有難うございます。黒木もお蔭様で一人前になりました。」初めて固い握手を交わす事が出来たのでした。

5　スカウト活動シリーズ　2位指名と河本育之

プロ野球界には「プロ野球12球団スカウト会」と言う組織があり、プロ野球の発展と相互の親睦を深める事を目的とし、年1回の総会が選抜高校野球大会の前日に関西で開催されています。

プロ野球12球団にはそれぞれ編成部という部署があり、その中にアマチュア担当とプロ担当がありります。アマチュアとは高校生、大学生、社会人選手の事です。最近では独立リーグが各地にあってこれもドラフト会議の対象になるので、アマチュアスカウト部門に入ります。通称スカウトと呼ばれていますが、12球団で１００名程が在籍しています。

一方プロ担当スカウト（球団によって呼び名が違う場合がある）はトレードやフリーエージェント（以下ＦＡ）選手の獲得、球団によっては外国人獲得にも動く場合もあります。プロ野球選手を対象にした部門で、ここには12球団で25名前後が所属しています。私が読売巨人軍で９年間担当したのはこの部門でした。

全ての日本人選手は、このドラフト会議を経ないとプロ野球選手にはなれません。この会議には独特の緊迫感、緊張感があり、先ず、ドラフト１位指名が大きなカギを握っています。会議までに如何に他球団の情報を掴むか、的確な情報を全12球団が欲している訳で、情報が漏れないように配慮しながら行動する訳ですから大変です。マスコミもこの一点に絞って探りを入れてきます。よくスポーツ新聞に載っていますね。記者たちも然る者です。当たらずも遠からずですね。

私が使った手は、その年の状況にもよりますが、早めにマスコミに敢えて発表して競争相手を下ろす作戦や、全く沈黙を守って会議当日に１位用紙に名前を書いた事もありました。競争球団が少ない方が確率は高くなりますからね。また、一本釣りを狙った年もありました。

スカウト部長11年間で一番苦労した事と言えば、逆指名や自由枠等など、セ・リーグや人気球団に有利な制度だった時代の事です。選手が球団を指名出来る訳ですから、当時は人気がなく弱小球団のロッテを逆指名してくれる選手はいませんでした。そこで無名で潜在能力を持った選手を発掘しなくてはなりません。失敗は許されない状況で緊張感がありました。どちらにしても１位には契約金１億円を払うのですから。

そんな中で思い出深い選手の一人が、ドラフト２位指名した河本育之投手です。初めて見たのは都市対抗の東京ドームで、新日本製鐵光から補強選手で登板した姿です。打者に対して体ごと向かって行く闘争心、一球一球に魂がこもった投球、この衝撃的な第一印象が私の胸に強く感じさせるものがあったのです。投手にはこの闘争心、メンタルの強さが最も大事なのです。都市対抗が終了してすぐ担当スカウトと共に山口県の新日本鐵鉄光に飛んで行き、本人と会ってその面構えを見て指名を確信したのです。

おそらく12球団どこもリストアップしていなかったでしょう。我がロッテマリーンズのリストにも載っていなかったのですから。身長は１７０㎝程度でしょう。ドラフト会議で２位で指名した時、会場がどよめいたのを覚えています。なにせ無名選手ですからマスコミも大慌てで、顔写真を探しに走っていましたっけ。

無名選手に高い評価をして指名するのは勇気がいる事です。それが当たって活躍した時がスカウト冥利に尽きると言うものですが、もし外れたら部長たる私が全ての責任を取る事になります。大金をはたいて獲得する訳ですから。河本投手が1年目から抑えとして大活躍してくれたお蔭で、私はスカウトとして多少自信を持つことが出来たのでした。

私にとってスカウト活動をするうえで1、2軍投手コーチ、２軍監督の経験が大変参考になった事は言うまでもありません。どの様な選手が成功し、どのような選手が成功しないのか、実際に手がけてきましたから分かるのです。

スカウト達は普段はほとんど表面に出る事はなく裏方に徹して行動していますが、唯一ドラフト会議前後にその存在がクローズアップされ、ようやく世に出るといった仕事です。この仕事がチーム作りに最も重要な部門である事に誇りと情熱を持って、裏方に徹して行動しているのです。

6　スカウト活動シリーズ　弱小球団の苦悩

平成４年、私がスカウト部長就任２年目でした。「木樽さん、ロッテを逆指名する選手はなぜ居ないのですか?」当時のロッテの重光昭夫オーナー代行の不満の言葉です。当時のロッテは弱小球団で成績はもちろん、人気もなく、ケチで球場が汚いなどとマスコミにも叩かれて、スカウト活動をするうえで大変苦労しました。そんな現状を全く理解していなかったのです。

私が世間やマスコミの評価を伝えると、オーナー代行は驚いた様子で「球団には資金をそれなりに投入している筈だ。」そんな評価をされるのは心外だと、言わんばかりに声を高くしていました。

当時、本社に情報を入れる為に、本社側の人物が球団に配置されていました。しかし、その人物は、自分に都合の良いように情報操作したり、謀をしたりで、マスコミからも球団の「癌」と言われていたのです。私としても許す訳にはいきません。そんな人物がいると当然球団は弱体化していきます。

何とか逆指名する選手を作り、ロッテの悪いイメージを払拭させたいと、オーナー代行の意向に沿って作戦を練り行動したのですが、これが後に大きな問題に発展していったのです。

１位を逆指名ですからそれなりの選手でなくてはなりませんが、人気のある選手はロッテに来てくれません。当時社会人野球のプリンスホテルの2番手投手、武藤潤一郎選手にターゲットを絞って交渉し、なんとか逆指名の了解にこぎつけたのでした。

現在もそうですが、契約金や年俸の上限は決められていますが、裏にはいろいろあるのがこのプロ野球の世界で、それは表に出せるものでは当然ありません。しかし、ロッテ側としては「ケチ」を払拭したいが為の行動なので、オーナー代行に進言し上限を超えた金額を思い切って発表したのです。新聞には初めてロッテを逆指名した選手名と金額が躍っています。コミッショナーから早速呼び出しがあり「この見出しの金額は本当か?」とお叱りを受け、揚句に始末書を書かされた次第でした。責任は私にあります。これは覚悟の上で想定内だったのですが、後始末が大変でした。

もっと大変だったのが、重光昭夫オーナー代行と会うたびに「逆指名した選手はまだ活躍していませんがどうなっているんですか?」お金を出した方としては気になって当然でしょう。私は「選手はトータルで見て下さい。」と苦しい言い訳をしていましたが、4年目から少しずつ力を出し始めてなんとか面子が保てた思い出があります。

ある年のドラフト会議の直前に、逆指名を約束していた選手から断りの電話が入ったのです。抗議しても後の祭りです。悔しいけど、これまでもパ・リーグの弱小球団は辛酸を嘗めさせられていたのです。しかし、我々との約束を破って入団したヤクルトでは活躍せずに終わって溜飲を下げた思いでした。約束を平気で破るような精神では大成しないのです。野球の神様はいるのです。

7　スカウト活動シリーズ　松井秀喜のオーラ

ドラフト会議には通常のドラフト指名と育成ドラフトがあります。育成ドラフトで指名されても、プロ野球選手登録されなければ、正式なプロ野球選手扱いではないのです。技術的にまだ通常のドラフト指名に至らない選手、鍛えたらもしかして伸びるかも知れない、そのような選手が育成選手となるのです。

契約金は無く年俸も少ないのですが、選手にとっては正式なプロ野球選手になれるチャンスがもらえるのですから、双方にとって都合の良い制度なのかも知れません。

この制度で大成した選手は何人かいますが、その中で巨人軍の左投げの山口鉄也投手の面白いエピソードがあります。当時の横浜ベイスターズのスカウト部長が個人的に頼まれて、山口選手をベイスターズの２軍球場へテストの為に連れて行き、２軍監督、コーチに見せたところ「ダメ」と言われてしまったのです。仕方なく巨人に頼んでテストをしてもらったところ、育成選手で入団が決定し、本人の努力もあってあそこまでの大活躍する選手になったのです。逃した魚は大きかったのです。ベイスターズ側は大いに悔しがったのは言うまでもありません。選手の将来を見る事は難しいものなのです。

ドラフト有望高校生の場合は、担当スカウトと共に高校を訪問し、監督に挨拶方々選手の練習風景を視察します。ご存じのように練習中は皆同じユニフォーム姿ですが、数多くの選手の中から一目で特徴が分かる選手でないといけません。良い選手はすぐに目につくものです。走り方、投げ方、ユニフォーム姿、立ち振る舞い等、体から発散するオーラのようなものがあるのです。反対に目立たない選手はダメだという事です。

思い出深いのが松井秀喜選手を見に、星稜高校へ行った時でした。校門手前でタクシーを降り、緩やかな上り坂を担当スカウトと行くと、下校する生徒達が口々に挨拶をしてすれ違っていきます。私は多くの高校を訪問してきましたが、一般の生徒の立ち振る舞いを見ると、その高校の教育程度や品格が読み取れます。野球部の指導者は勿論ですが、生徒の挨拶、服装を見るとある程度分かるものです。

やがてグラウンドに到着し、我々2人に松井秀喜主将の号令で野球部全員から気合いの入った挨拶を受けると、私達の背筋までが自然に伸びたものです。やはり松井選手は大きく輝いていて一目ですぐに見分けが付きました。小柄な山下智茂監督がにこにこして「木樽さん、こんなところまで来てくれたんですか。有難うございます。私は昔から木樽さんのファンだったんですよ。」それ以来、山下監督が私の2歳年上という事もあって、甲子園大会の視察では度々食事をする仲になり山下監督には人生感や野球の指導方法など多くの勉強をさせてもらいました。

8　スカウト活動シリーズ　小野晋吾と福浦和也

ある日、担当スカウトから切迫した声で、「小野晋吾の様子が変なんです。」と連絡を受けたのです。よくよく話を聞いてみると、入団を拒否していると言うのです。これは由々しき問題です。昔はよく入団拒否選手は居ましたが、この当時はスカウトとして許されるものではありません。「プロ入りの意思をしっかり確認しなかった。」「調査不足で怠慢だ。」と言われても仕方ありません。

急ぎ御殿場の自宅に飛び、当人の気持ちを聞いたところ、「身長があまり無いので不安だ。」と言うのです。確かに小柄で華奢な体つきなのですが「身長でボールを投げるのではない。身長が無い人でも立派にやっている。」と、プロ野球界で立派にやっている何人かの例を出して説得し、２度目の訪問で、ようやく納得して契約にこぎつけた思い出があります。

小野晋吾投手はドラフト６位指名でしたが、立派にロッテのローテーションの一角を担い、通算85勝の活躍をしてくれました。我々スカウトとしても「良くやってくれた。」との思いです。多くの選手が自分より身長があり、気後れした時もあったでしょうが、それにめげずにここまでやってくれるとは、感慨深い思いです。

この年は７位で習志野高の投手で４番を打っていた福浦和也選手を指名しています。この福浦選手の指名には経緯がありました。当時ロッテマリーンズ球団が千葉市に移転して間も無い頃なので、地元密着の意味もあって「千葉県から毎年一人指名せよ。」と重光オーナー代行からの指令があって、

7位指名になったのです。習志野高ではバッティングもそこそこ良かったのですが、投手として身長もあり、左投げなので、「体力がつけばやってくれるのでは?」そんな期待もあっての指名だったのです。

ある日、当時の醍醐猛男2軍監督から私に電話があり、「福浦のリストが柔らかくバットコントロールが良いので、打者に転向させたいが?」と、許可を求めてきたのです。醍醐2軍監督は私が若い選手時代にバッテリーを組んでいて、キャッチャーとして私を育ててくれた信頼する先輩です。まして、私がスカウト部長になる前のスカウト部長をしていた経験もあって、福浦選手を見て打者転向を進言してきたのです。私の返事はもちろん「醍醐さんにお任せします。」でした。

当時の2軍打撃コーチは山本功児君でした。福浦選手は入団してすぐに肩を痛め、自主練習でバッティングをしているという情報を醍醐さんが聞き、山本功児コーチに「福浦がバッティングしているようだから、ちょっと様子を見て来てくれないか。」と伝えたそうです。それを見た同じ左打ちの山本コーチは「面白いですよ。野手をやらせてみてはどうでしょうか。」となって、醍醐2軍監督から私に連絡が来たという訳でした。

人の長所を見極める目があって、それを指導するコーチに恵まれ、次第に開花していったのです。勿論、本人の努力以外の何物でもない事は当然です。バット一本でプロ野球でやっていくのは並大抵なものではありません。まして、福浦選手は脚力があまりありませんから、よほど打撃が良くないとポジションを取る事は難しいのです。選手が転向する事はもう後がない訳で、相当な覚悟を持って受け入れたはずです。

実は私も打者転向の噂があったのです。腰痛もあり投手として期待通りの結果を出せないでいた時です。首脳陣は打撃練習や試合でのバッティング（＊注1）を見ての事もあったのでしょうが、私としては簡単には打者転向は受け入れられないといった心情でした。

福浦和也選手は24年をかけて見事２０００本安打を達成しました。福浦君の苦労、努力の姿を知っているだけに声を大にして心からおめでとうと祝福したいのです。「醍醐さん、福浦がやりましたね。おめでとうございます。」打者転向を進言し指導した本人にとってもこれ程嬉しい事はないでしょう。お互いにスカウト部長経験者で、互いにその喜びを共有する仲間として最高の幸せな出来事でした。小野選手、福浦選手とも下位指名の選手が後に投打の両輪でロッテマリーンズを引っ張っていたのですから、これはスカウト冥利に尽きますね。

我々スカウトは何と言っても自分が獲得した選手の活躍が一番です。スカウトした時にその選手の活躍を思い描きますが、入団してすぐに活躍する選手は多くいません。特に高校出身選手はそれなりに時間がかかって当然です。途中で故障や精神面などで挫折する選手も多く居るのです。

（＊注1）　当時のパ・リーグは指名打者制を採用していなかった。（昭和50年採用）

9　スカウト活動シリーズ　指導者との相性

平成29年はドラフトの目玉になった高校生がたくさんいた年でした。清宮幸太郎選手は日本ハムに、安田尚憲選手はロッテ、そして、中村奨成選手は地元の広島に指名され入団しました。３人とも良い球団に入団したと思いましたね。

高卒からプロ入りして直ぐに活躍出来るのは投手には時々見られますが、バッターではずっと少なくなります。理由を考えると、先ず、全てにおいての「速さ」に付いていけるかどうかがポイントになります。投手の球速、スイングの速さ、守備での打球の速さ、足の速さ等です。そして、投手の対応と投球の「読み」もポイントでしょう。金属バットから木製バットへの対応、基礎体力の差やプロ野球とのレベルの差を如何にして早く追いつけるかが鍵になります。

しかし、高卒選手と言えど「1年目から絶対1軍に行くんだ!」と強い意志をもって臨まなければいけません。「3年で何とか。」などと考えているようでは、到底この世界での成功は難しいでしょう。野手は打撃だけでなく守備、走塁を鍛えなくてはなりませんから、練習する事が山程あります。長所を伸ばしながら苦手な分野を克服する努力も求められるのです。

もう一つは選手にとってチームカラーや監督、コーチとの「相性」というものも重要な要素で、これは目立たないけど意外に大切なのです。選手は監督やコーチを選べないのですから。

落合博満選手は、当時のロッテの山内一弘監督に打ち方や考え方が受け入れられず使われなかったのですが、次の山本一義監督になって使われるようになり、あのような偉大なバッターになったのです。また、オリックスのイチロー選手は土井監督には使われず、仰木監督に出会って、あれ程の大選手になった話は有名ですね。生かすも殺すもする世界がプロ野球界なのです。

ロッテの福浦和也選手も、本人の努力があっての事ですが、醍醐２軍監督、山本功児コーチをはじめ、良い指導者に巡りあったと言う事です。

監督、コーチも人間ですから選手との絡みの中で好き嫌いがあるものですが、大なり小なりこんな話はいっぱいあって、どこの世界でも人間関係で苦労するのです。と言っても最後は自分の努力ですが。

夢を実現して意気に燃えている新人選手にしっかり寄り添い、力を引き出せる指導者が良い指導者と言えるでしょう。指導者は、経験はもちろん大事ですが、それなりの人格者でないと選手はついてきません。自己中心型で、せっかく大金をはたいて獲得した球団の財産である選手を潰していては失格です。プロの世界でも実際そんな指導者が多いのが現実なのです。

10　スカウト活動シリーズ　広岡達朗ＧＭ就任

広岡達朗さんは、早稲田大学から巨人軍の名ショートでならし新人王を獲得し、更に監督としてヤクルト、西武を日本一に導いた実績はプロ野球界に燦然と輝いています。ヤクルトの監督時代には銚商の後輩である渡辺進君も指導を受け、西武時代には市立銚子高校出身の石毛宏典君も「広岡さんに鍛えられてここまでなれた。」と、述懐している程です。

その広岡達朗さんがアメリカ球界からあのバレンタイン監督を連れてきてロッテのＧＭに就任したのです。当時のロッテマリーンズの人気はバレンタイン監督に負う所が多く、そのバレンタイン監督を起用した広岡さんの功績は大きいでしょう。

この一連の就任は我々ロッテ球団の者としては衝撃的なニュースでした。広岡さんの監督時代は「管理野球」と言われた理論派でならし、厳しさを前面に出し、徹底的に鍛えあげる指導は選手に恐れられる程でしたから、我々フロントへも相当厳しく関わって来るだろうと皆覚悟をしたものです。私個人にとっても、それまで会話を交わした事が無かった為、マスコミに流れる広岡像しか分からず身構えたのでした。

「君が見て欲しい選手が居たらどこにでも見に行くから言ってくれ。」広岡さんの持論は、「チーム作りはスカウト活動にかかっている。」でしたから、その言葉通りに積極的に本気で行動を共にしてくれたものでした。当時のドラフト会議の制度は逆指名制度だった事もあり、広岡さん自身ロッテに人気が無く有名な選手は来てくれない事は十分に承知していて、「隠れた才能ある選手を足を使って探せ。」の指令が下されました。

広岡さんとは日本各地を選手視察して次第に互いに打ち解けると同時に、考えに共鳴し理解出来るようになっていきました。共にロッテ球団の発展の為に真剣に議論したものです。行動をともにしながら人生観、野球理論、指導方法、育成方法や選手の見方まで、広岡さんから多くを勉強させて頂き、私にとって感謝の一言です。後にロッテを退団した後も家族ぐるみのお付き合いを現在もしています。

広岡さんと共に行動したのは結局2年間でしたが、広岡さんとのスカウト活動での思い出と言えば、やはり銚商の後輩である澤井良輔君をドラフト1位に指名した事ですね。

我が母校から久々に出たドラフト候補選手ですから、先輩としてスカウト部長としてなんとか地元のロッテマリーンズに入団させたい思いでした。「広岡さん、銚子に魚を食べに行きましょう。」と話すと、広岡さんはニヤリと笑い、私の心を既に見透かしているかのようでした。

ドラフト前のスカウト会議で1位指名の話になり、広岡さんは開口一番「1位は澤井で行こう。」と提案したのでした。春の選抜大会、夏の甲子園大会と広岡さんをはじめ、ロッテのスカウト全員が試合を視察しているので、この提案に異論が出る筈もありません。

この年には市立銚子高校から広島カープにドラフト1位指名された長谷川昌幸君もいて、銚子市内に2人もドラフト1位が出たのは初めての事でしょう。

「木樽さん、折角ドラフト1位で獲って頂いたのに期待に応えられずに申し訳ありませんでした。

もう少ししっかり練習をしていれば良かったと思っています。」今でも澤井君は私に会うと申し訳なさそうにあの頃の話をします。しかし、その経験があったからこそ現在、栃木県の宇都宮市で保険会社に勤め立派に社会人としてやっているのだから「それで良いじゃないか。」と、思います。

広岡さんは自ら監督に起用したバレンタイン監督を解任させると言って、本社側と意見が対立していました。バレンタインが監督になり、いきなりBクラスから2位になって「さあこれから！」と言う時の監督解任に、私自身「まさか、なぜ？」と疑問を持ちました。広岡さんにその胸の内を聞いてみたのです。

11　スカウト活動シリーズ　広岡GMと小坂誠

バレンタイン監督解任は、ファン、マスコミ、そして、我々誰もが驚いたものです。特にBクラスのチームを2位に押し上げたバレンタイン監督本人も晴天の霹靂であった事でしょう。

この解任劇の真相はとても複雑なのです。バレンタイン監督側に付いて煽った球団の例の「癌」と言われた人物の存在と、スカウト活動でチームを留守にしても支障が無いように広岡さんが置いたGM補佐と現場との軋轢が原因でした。つまり第三者が信頼関係をこじらせてしまったのです。シーズンが過ぎるとともに、広岡さんとバレンタイン監督との間に意見の相違がはっきり出たそうで、結果的に広岡さんとバレンタイン監督との信頼関係が崩れてしまったのです。

広岡ＧＭ２年目のスカウト活動で思い出深いのは、小坂誠選手です。ロッテファンでなくとも懐かしい名前でしょう。平成８年のドラフト５位で指名したのですが、実はこの指名まで丸２年間掛かっているのはあまり知られていないと思います。世間では当時ヤクルトのスカウトだった佐藤孝夫さんが広岡さんに小坂選手獲得を進言したように報道されていますが、実はその前年からマークしていたのです。

平成7年に担当スカウトから「背は低いのですが、足がやたらと速く守備も良いので見て下さい。」と連絡を受けました。平成３年の河本育之投手を思い出します。やはり身長が低いと言って全球団がどこも評価していませんでした。

小坂選手の当時の所属はＪR東日本東北で、当時は無名の選手でした。私の持論は足の速い選手は「獲り」でした。なぜなら投手にとって足の速い選手は嫌なタイプなのです。いざドラフトが近づき調査したところ、プロ入りに難色を示していると担当スカウトから連絡があり、急ぎ仙台まで説得に出掛けました。よくよく聞いてみると「今の自分ではプロでやる自信が無い。」と蚊の鳴くような声でボソッと。小坂選手は人間的に誠実なので、裏は無いと信じて「来年は必ず指名するが良いか?」と聞くと、「宜しくお願いします。」と返事をしてくれました。他球団には絶対行かないと約束させ、翌年のドラフト会議でその言葉通りになったのです。

高知県の春野球場で社会人の四国大会があり、広岡さんに小坂選手を視察してもらったところ

「ショートは無理だな。」と、あまり乗り気ではなかったのですが、その後何度も小坂選手を視察してもらっているうちに、私がどうしても欲しい選手と感じたのでしょう。「下位で指名しようか。」となったのです。結果、新人王、盗塁王2度、ゴールデングラブ賞4度と大活躍してくれました。

さて、バレンタイン監督の後を受けて就任した江尻新監督は結果を残す事が出来ませんでした。結局、広岡さんは本社サイドとのしこりを解消する事が出来ず、2年で広岡GM退団となってしまったのです。これは球団や広岡さんだけでなく、ロッテ関係者、ファン全てにとっても悲劇であったのです。広岡さん退団の時、「木樽、お前も一緒に辞めないか?ワシが他球団の世話をするがどうだ?」と言葉を残していきました。

12　スカウト活動シリーズ　高橋由伸を追ってスペインへ

平成9年、バルセロナで行われた国際大会に全日本チームが出場するので、私は慶應義塾大学の高橋由伸選手を追ってスペイン・バルセロナまで行ったのでした。当時のドラフト制度は逆指名制度だったのです。高橋選手は千葉市の出身である為、ロッテ球団としては千葉市に本拠地を定めた関係で、どうしても有名スターであった慶大の高橋選手が欲しかったのです。しかし、情報ではヤクルトが有力で巨人が巻き返しを図っている状況であったのです。

ロッテ球団の編成会議で重光昭夫オーナー代行から「資金は他の球団に負けないものを用意するからスペインに行ってくれ。高橋選手を最後まであきらめるな。」との命令が下ったのでした。

全日本チームに同行した球団は、巨人、ヤクルト、阪神、横浜、ダイエー、そしてロッテの６球団で、そのスカウトが10日間の呉越同舟で全日本チームと同じ飛行機で飛んだのです。

ヤクルト球団の慶大ＯＢの巽スカウトも同じく高橋選手を追っているのですが、出発の数日前に「木樽君、私も行くんで一緒に行動させてくれないか？」と電話がありました。巽さんは私より11歳上の優しい先輩で、これは私にとっても渡りに船だったのです。何といってもお互いスペイン語は厳しいので、２人なら心強く何とか球場行きのタクシーや食事にはありつけるだろうと思ったのです。英語はホテルなどで多少は通じても、街中の食べ物屋などは通じないのです。

英語ではＢＡＲを「バー」と発音しますが、スペイン語は「バル」と発音します。そこは食事が出来るところで、何と言っても料理が目の前に並んでいるので我々にとって都合が良く、ただ指を指して頼めば良いので言葉の障害は解決し、２人は安心して食事にありついたのです。「木樽君、全て割り勘で行こうな。」私は勿論良いのですが、巽さんは酒は飲まないし、年齢的にも食べる量も少ないので当然、割り勘負けする訳です。「気にせずに飲んで食べてよ。」と、何とも良い先輩でした。

帰国して、慶大の後藤監督（当時）と高橋選手の２人と横浜のホテルで会う約束を取り付けたのです。最後まであきらめない姿勢で臨んだのですが、高橋選手曰く、「ロッテは意中の球団ではありません。」との事でした。当初ヤクルトスワローズを希望していましたが、結局巨人に入団しましたね。

余談ですが、「将を射んと欲せば先ず馬を射よ」で、高橋選手の父親に接触を試みましたら、お父さんは「木樽さんがわざわざ息子の事で来てくれて…。」と、かえって喜んでくれました。私の高校時代の事やプロ野球での活躍の話などして、気さくに会ってくれました。私がバルセロナの土産にネクタイを送りましたら大変喜んでくれて、会った時にわざわざ絞めて来てくれた事が、今では大切な思い出になっています。残念ですが高橋選手が巨人軍の監督になる前に亡くなられてしまいました。息子の晴れ姿を見て欲しかったですね。

13　スカウト活動シリーズ　里崎智也

今回は最近、テレビなどで人気者になっている元ロッテのキャッチャーとして活躍した里崎智也君を取り上げてみたいと思います。あの福々しい顔でどこか憎めないキャラクターが人気の秘密なのでしょうか。

私がスカウト部長8年目の平成10年のドラフトではロッテ球団の補強ポイントは投手と捕手で、その年に2位で逆指名したのが里崎智也君でした。私の捕手論としては、投手の一人一人にしっかり対応できる包容力を備えている事に尽きるでしょう。私がプロ入りした当時のキャッチャーである醍醐猛男さんは私より9才年上でありながら、常に投手を盛り立てて投手の力を引き出すのが上手でした。

時にはサインに首を振って打たれた時は大目玉をもらった事もありましたが。

当時のロッテ球団には安定したキャチャーが居なく、即戦力として大学生と社会人のキャッチャーのリストをスカウト達から提出させ、その中に帝京大学の里崎の名前がありました。担当スカウトの話では打撃は良いがキャッチャーとしては低い評価で、その為にキャッチャーとサードを掛け持ちしているとの事でした。

キャッチャーは特殊なポジションで、技術も然ることながら、性格的なものも調査しなくてはなりません。試合の視察は当然ですが、練習を視察し、本人との会話の中で性格的なものを知る事も大事な要素なのです。里崎の特徴は地肩が強く、体の柔軟性もあり、何と言っても気に入ったのはキャッチャーとしての「座り」の良さでした。これは私だけの感覚なのかも知れませんが。今後、フットワークを覚えたら送球に正確さが出ると評価したのです。

既にアマチュアで成績を上げた選手はそれなりの裏付けがありますが、無名の選手を上位で指名するには部長として大変勇気のいる事で、失敗したら全ての責任は自分が取る事になりますので、それなりの覚悟と確信がないと決断出来ません。以前にもやはり無名の社会人の河本育之君を２位指名したことをお話ししましたが、今回も河本君同様にリスクを承知で２位での指名でした。内心、不安で一杯だったのが正直なところです。しかし、それが当たった時が本当のスカウト冥利に尽きるというものです。

ドラフト会議場で「ロッテ、ドラフト２位。里崎智也。」の声に会場がざわついたのは、他球団の評価は低く、中にはリストにも載っていないチームもあったようですから当然かもしれません。平成18年のWBCで侍ジャパンの正捕手としてベストナインに選ばれ、その2年後の北京オリンピックにも出場して大活躍をしてくれました。里崎の両親から郷里の鳴門特産のワカメや鳴門金時など、毎年感謝の手紙と共に送られてきています。以前、まだ結婚していなかった息子を心配したお母さんから、しきりに私の妻に相談の電話がきていたようでしたが、今は双子の父親となり、プロ野球ファンの心を掴んだ解説で活躍している姿に、鳴門の両親もほっと安心している事でしょう。

14　スカウト活動シリーズ　スカウトとトライアウト

秋に行われるドラフト会議で指名を受けた各選手は、球団から提示された契約金、年俸の交渉を終え、統一契約書にサインをし、後に「新入団選手発表」の運びになるのです。また、これから鍛錬の場所になる2軍球場と合宿所、そして、晴れの1軍出場のメイン球場も見学します。選手たちは憧れのプロ球団のユニフォームに袖を通し、改めて「やってやるぞ!」と胸いっぱいに希望が膨らんでくるのです。

私は銚商から早稲田大学に進学が決定していたのですが、プロから指名されて気持ちが揺れ動き、結局悩みに悩んだ結果、大晦日に入団の発表になったのです。大映本社に行って入団会見をした事は今でも鮮明に覚えていて、プロ野球の名物オーナーの永田雅一さんの前でとても緊張していました。ドラフト一期生の為に、ドラフト1位の契約金と年俸が決められていて、前年までの自由競争による高騰した契約金とは雲泥の差でした。

スカウト活動は年間の経費として約４億～５億円を選手獲得の為に使うのです。しっかりと選手の潜在能力を見定め、失敗のないように緊張感をもって活動しなくてはなりません。11年間スカウト部長として成功した事や失敗した事などがある中で、一番悔いが残っているのが愛工大名電高の鈴木一郎選手、あの「イチロー」選手を指名出来なかった事です。

ロッテの東海地区担当スカウトはリストに２位の評価を提出しました。高い評価をしていたのは足の速さとバットコントロールの良さだったのです。私は２度視察に名古屋に行きましたが、その試合は投手として登板していたため、フライを上げると全力疾走せず、バットコントロールの良さもあまり見られなかったのです。結局、オリックスがドラフト４位で獲得したのです。「チームのバランス上、高校生の外野手を獲らないといけなかったので指名した。」と、後にオリックスのスカウト部長から聞いたのでした。視察で少しでも良い面を見ていたらと思うと逃がした魚は大きかったです。これは他球団にも言える事ですね。練習から熱心に見ていた担当スカウトの目を、もっと信じるべきだったと反省した次第です。

シーズンが終わると、毎年、トライアウトが開かれます。トライアウトとは戦力外になった選手が一堂に集まって、改めてプロ野球に再チャレンジする為のテストです。トライアウトに出場している選手たちは、何年か前にはドラフト会議で指名され夢が叶い、家族や学校関係者、会社、地元から盛大に送り出され、希望に満ち溢れていた選手達です。それが何年か後に戦力外になり、必死で喘いでテストを受けている事が悪夢を見る思いでしょう。スカウト達も活躍すると評価して指名した選手達なのです。信じて指名した選手が戦力外で球団を去るのはスカウトとしても身を切られるように辛いものなのです。

最近のテレビ放映の影響でしょうか、トライアウトに一般の入場者で内野席が一杯になる事もあります。球団の選手登録は70名です。ドラフト会議で指名した選手数だけ戦力外選手がいるのです。クビになって球界を去る人。大きな夢に胸をふくらませて入って来る人。悲喜こもごものプロ野球オフシーズンです。厳しい世界です。トライアウトに出場した選手たちの第2の人生に幸多かれと祈らずにいられません。

15　スカウト活動シリーズ　ロッテから巨人へ

広岡達朗さんがロッテを退団する時に「ワシと一緒に辞めないか。」と誘って頂いてから5年、「ロッテだけでなく他球団で勉強するのも必要だろう。」との親心であると、後になってそう感じていたのでした。既にあの時から5年も経っているので、まさかここまで私の事を考えていてくれようとは思っていなかったのです。

「原辰徳から連絡があるから話を聞いてやってくれ。」広岡さんから突然の連絡でした。その日、私の留守中に、巨人軍の原辰徳コーチ（当時）から自宅に電話があり、それを家内が受けたのです。「木樽さんの事は子供の頃から良く知っています。是非、私に力を貸してほしい。」と。帰宅して早速教えられた原辰徳君の携帯電話にお礼方々挨拶をしたのです。話の一言一言に心情が伝わってきて、次第に私の心が傾いていくのを感じたのでした。

原辰徳君が一度巨人軍のユニフォームを脱いで解説者になった年、ロッテの鹿児島キャンプを視察に来た事がありました。その時に初めて原辰徳君に会ったのですが、当時スカウト部長の私は接待し、しばし昭和40年の甲子園の決勝戦の話に花が咲いた事を思い出します。「私が7歳の時に銚子商と三池工との決勝戦を見ました。」目を輝かせて少年のように話していた顔を思い出します。昭和40年の夏の甲子園大会の決勝戦で、我が銚商と戦った相手は福岡県の三池工業高校でした。三池工の監督が原辰徳君の父親である原貢さんだったのです。

縁とは不思議なもので、あれから37年も経っていて、小学生の少年が巨人軍の選手になり、そして監督になるというのです。そのタイミングも然る事ながら、直接連絡してくれようとは思いもよらない事でした。

「ロッテで培った力を私に貸して下さい。」と言われて、男としてどうして否と言えるでしょうか。あの時のキラキラしていた目を思い出しながら聞いていました。辿れば縁の深い者同士です。まして12球団最高峰の巨人軍の監督になろうとしている男からこれ以上の言葉は無いでしょう。

次の日に巨人軍のフロントから連絡を受け、私の意思を確認する為に東京のホテルで極秘で会う事になりました。相手は巨人軍の球団代表と編成部長でした。広岡さん、原君からの話から、間髪入れない巨人の動きに少し驚いた感はありましたが、それだけ私を買ってくれているのだと嬉しい思いでもありました。

昭和41年に銚商を卒業してからずっとロッテ球団にお世話になってきた者にとっては大きな決断であったのは確かです。選手時代、1、2軍投手コーチ、2軍監督、そしてスカウト部長と多くの役職をさせてもらい、経験を積み、多くの方々と巡り会う事で、自分を高めていけたとロッテ球団に感謝の気持ちで一杯です。

16　巨人軍シリーズ　球団事務所へ

「巨人軍は紳士たれ」「巨人軍は強くあれ」巨人軍初代正力松太郎オーナーの言葉です。日本プロ野球の創設に尽力した方でもあります。星野仙一さんも「プロ野球界は巨人が強くないとダメなんだ。その巨人を倒す為に他球団は切磋琢磨して盛り上げて行くんだ。」と、生前私に熱弁をふるっていたのを思い出します。プロ野球11球団のチームはこぞって「打倒巨人軍」でやって来た事で、プロ野球が発展してきたと言っても過言では無いでしょう。

私は19歳でプロ野球界に入り、やはりセ・リーグの覇者、いや球界の覇者を倒すことに目標設定していったのです。現在のように交流戦も無い時代で、私はパ・リーグに所属していたのですから、巨人を倒す為には、オープン戦は別として日本シリーズしかありません。昭和45年に念願の巨人との日本シリーズが実現しましたが、1勝4敗の惨敗に終わってしまいました。「次こそ必ず倒して見せる。」負けた悔しさの中、よりその思いが強くなったのでした。昭和49年に私自身2度目の日本シリーズ出場を決め、巨人と闘えると楽しみにしていたところ、中日が巨人のV10を阻んでリーグ優勝し、結局、私は巨人を倒す事が出来ずに現役を終わってしまいました。

「球団事務所は東西線の竹橋で下車して、歩いて5分の所です。」とだけ教えられて、なんとかビルの正面玄関にたどり着いたのでした。プロ野球界の盟主である巨人軍の球団事務所への初出勤は、マウンドに立った時より数倍緊張していました。

当時の球団事務所は古い小さなビルを借り切っていて、各部門で階が分かれている為、受付がある訳でもなく、階段を上っていき「おはようございます。」と入っていったところ、「どうぞこちらへ。」と社長室にそのまま招き入れられたのです。既に社員には私が訪問する事を知らされていたのでしょう。社長、球団代表、編成部長など主だった方々と挨拶を交わしたのです。私の高校時代やプロ野球での活躍を承知済みとの事で、以前から親しい知り合いだったかの如く握手を交わし和やかな雰囲気でした。プロ野球界は狭い世界ですから、現役時代はもちろん、ロッテのスカウト部長時代に出席したドラフト会議などのイベントで、挨拶くらいは交わしている仲間の様な存在なんですね。そして、その席で私は「編成調査室」に配属されたのです。

17 巨人軍シリーズ　編成調査室

私は巨人軍入団当時、千葉県の白井市に住んでいました。シーズン中は各地の球場などに選手の視察で出掛けるのですが、オフシーズンになると竹橋駅近くの球団事務所に出勤する事になります。そして、私が一番嫌いな通勤ラッシュに出逢う訳です。自宅の最寄りの駅は「千葉ニュータウン中央駅」です。隣町は印西市で、日々人口が増えているのが実感出来る日本でも有数の人口増加している街です。東京には約1時間で行けるベッドタウンで、朝のラッシュはそれはそれは大変でした。

さて、編成調査室とは、一言でいうとＦＡ選手やトレード関係の仕事です。９年間を振り返るとそれらにとどまらず、国内のアマチュア選手の視察、キューバにはコーチで派遣され、韓国には韓国選手の視察、台湾は中学生の視察と広範囲の仕事をこなしました。

当時、トレードを担当する専門部署は他球団にはなく、やはり巨人軍が一番進んでいたのでしょう。編成調査室は、日体荏原高出身で、背番号「33」の左の代打として巨人で活躍した同い年の原田治明室長と２人でした。原田君と一緒に仕事が出来たのも「縁」を感じるものでした。銚商時代に日体荏原高と練習試合を銚商グラウンドでやっていて、既に高校時代から知り合っていたのです。日体荏原高はその秋の東京都大会で優勝し、選抜甲子園大会に出場しました。そんな縁もあって、お互いに意気投合して、私としても良い仕事が出来そうな予感がしました。巨人の編成調査室の設置をみて他球団も追随した事で、活発な動きが始まろうとしていたのです。

トレードには選手同士の交換トレードと、金銭トレードがあります。我々の選手時代のトレードは暗いイメージだったのです。監督が選手との人間関係が上手くいかないと「あいつをトレードに出してしまえ。」といった具合で球団を追い出されるイメージだったのです。私が担当した当時は、ようやくそれが無くなってきて、各球団がトレードでの戦力獲得を考えるようになってきた頃でした。また、選手も活躍の場を他球団に求めるようになってきたのです。

一口でトレードと言っても選手は球団の財産ですから、右から左に動かす訳にはいきません。その為には12球団の選手の特徴、長所、短所、選手としてのレベル等、全てのデータを集めて能力を評価しなくては取り引きは出来ないのです。今までアマチュアの選手を中心に見て来た私にとって、かつてのドラフトで入団した選手の成長した姿を見る事は、違った楽しみも感じる事が出来ました。巨人の選手もしっかり評価しておく事は当然です。選手は球団の財産ですから、釣り合わない取り引きは出来ません。いわば品物と同じで価値を比較しなくてはなりません。その頃の巨人は12球団一の選手層の厚さを誇り、多くの有望選手を抱えていたのですから、他球団にしたら欲しい選手だらけだったでしょう。

私が入団した当初の土井球団代表からは「巨人から動く事はしなくて良い。」の指示で、受け身の状態であったのが、清武英利新代表になってからは全く正反対に「トレードを仕掛けろ。」の方向に変わったのです。ようやく編成調査室として本格的に動き出したのでした。

18 巨人軍シリーズ 清武新代表の方針

平成17年に巨人軍の球団事務所が竹橋から大手町に移転した為に、一段と激しい通勤ラッシュと闘いながらの事務所通いになってしまいました。因みに、現在の球団事務所は新装になった大手町の読売新聞本社内にあります。

私が編成調査室に入った時の土井球団代表は「向こうから来るまで動くな。」の方針でした。読売新聞が親会社ですから巨人軍の役付の人はほとんどが読売新聞からでした。当然野球の経験者ではありませんので、土井球団代表の様な考えになるのでしょうか。ところが清武新代表になった途端「静」から「動」に急転回したのです。今まではやろうにも出来なかったトレードに、内心苛立ちを覚えながらの毎日だったのが、ようやく活躍の場が出来て勇み立ったと言ったところでした。清武新代表になってからは今までの仕事内容が一変して、本格的に編成調査室として機能し始めたのでした。

清武英利さんの名前を読者のみなさんは聞いた事があるでしょうか。私が巨人軍に在籍した９年間には、清武代表との波乱万丈の７年間がありました。私がこれまでプロ野球に関わってきた中で、あの金田正一さんに勝るとも劣らないバイタリティーがある愛すべき人物で、多くの思い出があります。

清武さんはやはり読売新聞の運動部長を経て巨人軍に移って、年齢は私より３歳程若い方です。私が巨人軍を退団した翌年の平成23年11月に事件は起こりました。既に来季のコーチングスタッフを決定した後に、あのナベツネさんこと渡邉恒雄読売新聞取締役会長（当時）が「江川卓をヘッドコーチにしろ。」と独断で発表したのです。当時の清武さんは球団オーナー代行、本部長、ゼネラル・マネジャー等球団のほとんどすべての権限を握っていた人でしたから、プライドもあって噛みついたのでしょう。清武さんがこれだけの権限を持てたのは、バックに渡邉会長がいたから出来たのですが、お互いそこを勘違いしてしまったのでしょうか。渡邉会長に突然の江川ヘッドコーチ起用を発表された事に怒って、俗に言う「清武の乱」が勃発したのです。

結局、渡邉会長とケンカして、巨人軍を追われてしまったのです。球団代表室には何年もさかのぼっての多くの貴重な資料が保管されています。中にはあまり外には出し難い物などある訳ですが、それを持ち出して法廷闘争にまで発展した話は記憶にある方も居るでしょう。

清武代表は私に常々「読売新聞社はすごい組織で、調査部や顧問弁護士などの強力なスタッフが揃っていて、訴訟問題など法廷闘争には決して負けないだけの組織である。」と豪語していたのです。まさか清武さんがその組織と闘うはめになろうとは思ってもいませんでした。ことごとく負けたのですから皮肉な巡り合わせと言うほかありません。本人もさぞ苦笑いしている事でしょう。

さて、編成調査室の所属人数は2人か3人程で、他の部署より少ないのです。トレードやFAの話は秘密裏に行わなければなりません。事前に漏れてしまうとほとんど成立したためしはないのです。その為、話のやり取りは第3者の耳に触れないようにしなくてはならないのですが、当時の球団上層部には、まだそこまでの理解がなかった為に、個室が用意されていませんでした。後に状況を説明し、理解してもらって部屋を新たに用意してもらったのは当然の事でした。

清武新代表になり、日報や月報の提出の仕事が新たに増え、また、12球団全選手の資料の提出の命が下りました。連日の残業でようやく期日に間に合ったのですが、次の指令は「B級の選手を出してA級の選手を獲るのが君たちの仕事だ。」だったのです。

19　巨人軍シリーズ　キューバへ　台湾へ

巨人軍に入団して４年目は球団の雰囲気にも編成調査室の仕事にも慣れ、心身ともに多少の余裕があった頃でした。ある日、編成調査室に「すぐに社長室に来てほしい。」と清武代表から電話があり、急ぎ出向いたところ、突然のキューバ行きの話があったのです。

巨人軍の桃井社長と清武代表が待ち構える社長室に入ると、キューバ野球協会から投手コーチを派遣して欲しいと巨人軍に依頼があったと聞いたのです。「派遣コーチについては実績のある人」をお願いしたいとの要望のようでした。既にシーズンが始まっていて、現場のコーチを派遣する訳にもいかず、「協議をした結果、木樽さん、あなたが適任者なのです。どうでしょうか？行ってくれますか？」と、突然言われたのです。

私は「良いですよ。行きましょう。」と即座に返事をしたところ、「木樽さん、キューバですよ。大変劣悪な所ですよ。２、３日良く考えて、奥様と相談してから返事をして下さい。」と、依頼に応えたのに、受け入れてもらえなかったのです。あまりにも簡単に返事をした為に面食らったのでしょう。帰宅して家内に話をすると、「これはあなたにとって勉強になるので、是非、行ってらっしゃい。」と予想通りの返事が返ってきました。

翌日、社長室を訪れ、妻との話を報告したところ、大いに喜んでくれ「有難うございます。巨人軍が全面的にバックアップしますから。」の力強い言葉で話はまとまりました。若いトレーニングコーチと2人連れです。結局、滞在中にキューバ野球協会と巨人軍との話し合いで、4か月の予定が2か月の滞在になったのですが、初めてのキューバでの経験は予想通り厳しい内容で、私の人生にとって貴重な2か月になりました。

この年、平成17年は母校の銚商が斉藤俊之監督のもと夏の甲子園大会に出場した年でした。千葉県大会決勝の拓大紅陵戦をリアルタイムにキューバからインターネットで見ていました。逐一入るスコアに固唾を飲んで見守っていたのですが、現地時間で午前2時を過ぎた頃、0—3で負けていました。明日の仕事もあり、敗戦を見たくない思いもありそこで床に就きました。目が覚め、インターネットで結果を確認したところ、なんと逆転勝ちを収めていたのです。ホテルのベランダから大西洋に向かって銚商校歌を嬉し涙にくれながら歌った事も、忘れられないキューバの思い出になっています。

キューバから帰って同じ年の秋、今度は台湾行きを命ぜられたのです。「台湾にスーパー中学生が居るので見てきてほしい。」という事でした。「見てきてほしい。」は、「採用するかどうかを見極めてこい。」なのです。清武代表の積極的なチーム作りの表れで、この時点で情報は入っていて、最終決定の為の台湾派遣なのです。荒削りでしたが、体格、球速の伸びしろを見て清武代表と協議した結果、「採用」となったのです。

中学生の練習生採用は巨人軍にとっては初めての試みでした。問題はここからで、「獲って来たのは君だから育成コーチをやって欲しい。」と言われ、編成調査室の仕事は少しのあいだ休んで、こちらに専念する事になったのです。

平成18年の秋に育成コーチ就任となって、台湾の少年を相手に意思の疎通をする為には、台湾語を勉強しなくてはならないと思い、本を買い求めたまでは良かったのですが、よくよく考えたら少年の方が日本語を覚えなくてはならない立場に気づき、日本語を教える事になったという、笑ってしまう思い出もあります。その中学生は188㎝で私（182㎝）より大男です。結局育成コーチは2か月間でしたが、私にとってこれも良い経験になりました。

次々と注文が降りかかって来ます。年が明け、何と今度は韓国プロ野球の抑え投手の視察です。それも一人での「極秘視察」を命ぜられたのでした。

20　巨人軍シリーズ　韓国へ

巨人軍は以前から「抑え投手」と「外国人」の補強が大きなポイントになっていましたが、ずっと解決出来ていないのが実情でした。そんな中、極秘の韓国行きを命じられたのは、その抑え投手の視察でした。獲るかどうかを決定する訳で、重要な役目である事を自覚し緊張感を持っての韓国行きでした。

成田空港から仁川空港へ。球団事務所であらかじめ必要な項目を書いておいたメモ用紙をタクシーの運転手に見せてホテルまで。言葉が通じないのは気疲れするものです。その夜、「韓国シリーズ」

の観戦に向かいました。球場に到着してチケットを買い求めたのですが、言葉が通じない事もあって窓口ですったもんだしていると、少し日本語の分かる職員が来てくれました。そこで判明したのは、韓国シリーズは前売り券でしか入場出来ないシステムだったという事です。

状況を知らないままに行った私のミスでもあったのですが、そこで引き下がる訳にはいかないので、こうなっては仕方なく身分を明かして何とか入場する事にしたのです。「極秘視察」はどこへやら。

日程が進み、別の試合会場に行くと、球場前でその球団の役員が待ち構えていて、顔を見るなり「木樽さん、あちらで球団社長が待っています。」と案内されてしまったのです。私が韓国シリーズを視察に来ている事が既に知られていたのでした。帰国後、その事を清武代表に報告したところ、「韓国でも有名な木樽さんを極秘で行かせた私が悪かったです。」と、おっしゃっていました。

私が視察に行った選手は後にヤクルトに入団した林昌勇（イム・チャンヨン）投手でした。当時見た姿は腕が振れずどこか違和感があるような投球で、過酷な抑えは厳しいと判断し、帰国後、清武代表にその旨を報告しました。案の定、肘の故障を抱えていて、その年のオフにアメリカに渡り手術するとの報道で、私の判断は間違っていなかったと安堵した事を覚えています。あそこで「獲る」と決断していたら、私の信用は失墜していた事でしょう。

外国人選手において巨人は昔から失敗が多く、補強の課題になっています。巨人には外国人を獲る為の「国際部」と言う部署がありますが、当時は残念ながら野球の経験者は居ませんでしたので、機能するはずはありません。外国人の通訳、英語やスペイン語など堪能な人が所属しているだけだったのです。

日本のプロ12球団の外国人補強の対象は主にアメリカのプロ球団の選手です。30球団のその中から日本のプロ野球に行きたい選手のリストが作成されます。その中から12球団が取り合って補強する事になるのです。

逆にエージェントが売り込みのビデオテープを球団に送り付けてくる事もあります。当時、国際部から呼ばれて、そのビデオテープを見せられましたが、セールスビデオなので「良い場面だけ」選んで撮っている訳です。やはりしっかり現地に行って、それ相応の期間をかけて見なくては結論を出せないのは当然でしょう。セールスビデオを観て数億円の買い物をしますか。おかしいでしょう。

清武代表に、「現地に駐在員を置き、じっくり観察するシステムを作る必要がある。」と進言しましたら、翌年には元巨人でメジャー経験のある人をアメリカに派遣したのです。決断は早く、清武代表は巨人の改革を目指しているのです。それまでの球団代表は相手球団から来たら考えようと殿様商売だったのを、巨人から攻めの商売に転じたのです。清武代表は渡邉恒雄会長の後ろ盾もあり、益々大きな野心と強大な権力を持つに至ったのです。

21　ロッテ2軍コーチ時代

ロッテ球団のコーチや2軍監督時代の話を少し書きたいと思います。

私は選手を引退後、2軍の投手コーチを要請されました。銚商の恩師である斉藤一之先生に真っ先に相談したところ、「今までやって来た野球哲学があるのだから、それを信じて受けろ。」の返事で即決したのでした。これまでも恩師斉藤先生に事あるごとに相談していたのです。

オリンピックのモットーとして「より速く、より高く、より強く」がありますが、野球には「走・攻・守」の3拍子揃った好選手という言葉があります。その他に「投」も加わって4拍子が野球というスポーツでしょう。全てのスポーツの要素がここに集約されていると思いませんか。

投手はより速い球を投げ、そして更に変化球を投げ、打者はより強く、遠くへ打つ。野手は打球を捕ってより早く投げ、ランナーは状況判断してより速く走る。そして、なによりも複雑なルールがあって、分厚いルールブックが存在するのです。スポーツ少年団に低学年が入団してきますが、とにかく野球に慣れる事から始め、高学年と一緒にやっているうちに自然と覚えていく。これが大事だと思うのです。「習うより慣れろ」で、教えられるより、見て、やって覚えていく。他のスポーツと比較してもずっと野球は複雑で難しいスポーツと、最近しみじみ感じています。まして指導する事はもっと難しいと感じています。

私の実体験として言えるのは、教えられる要素は20～30％位なものでしょう。後は自分で考え、工夫をし､良い選手を観察して､その技を自分のものにする｡常に向上心があれば必ず成長するものです。

私が東京オリオンズに入団した1年目に1、2軍を往復した時期があって、1、2軍に3人の投手コーチが居たのですが、熱心に指導してくれて多くのアドバイスをくれるのは良かったのですが、それぞれ違った内容であり、全てをやろうとして自分のフォームを見失う状況に陥ってしまった時期があったのです。「教え過ぎるより教え過ぎない」ほうが良い、アドバイスの言葉は最小限が良いと、身を持って感じたのでした。その経験がその後の指導者としての基礎になったのは言うまでもありません。

2軍コーチの主な仕事は1軍に一人でも多くの選手を上げる事です。そして、1軍から故障や打たれて精神的に落ち込んで2軍落ちしてきた選手を短時間で再生し1軍に戻す事が重要な仕事です。「2軍ずれ」という言葉があります。これは2軍の温い環境に慣れてしまい1軍に上がる意欲を失った選手、また、自分の能力を自ら見限ってしまい向上心を失ってしまった選手の事を言います。実際はそんな選手が結構居るのです。驚きでしょうが私も初めは面食らった程です。これには幾つかの原因があります。そんな空気を作りだしている球団や指導者にも責任があるのは勿論、選手の質にも問題があるのです。後に私はスカウトに転出しましたが、この2軍での経験が後のスカウト活動に大変役立った事は言うまでもありません。

コーチ1年目の暮れから正月にかけて2軍の若手投手を連れて千葉県の飯岡でキャンプをしたのです。この時も斉藤先生に相談し、民宿を紹介してもらいました。銚子市野球場でやりたかったのですが、球場に予約があって借りられず、仕方なく旭市の飯岡球場になったのでした。２軍選手にオフシーズンはありません。１軍に上がる為には１軍選手が休んでいる間に練習して少しでも追いつき追い越すという精神を植えつかせたかったのです。

寝食を共にしてプロとしての精神を注入し、一人でも多く１軍のマウンドで活躍して欲しい一心でした。

第3章　英雄達の素顔

金田夫妻 結婚25周年パーティーにて
金田正一さんと

1　金田正一さん　その1

私が東京オリオンズに入団して、現役、コーチ、2軍監督、スカウト部長、また、巨人も併せると実に延べ16人の監督に仕えたのですが、その中で一番印象深かったのはやはり「金田正一監督」ですね。金田さんとは現役時代4年間とスカウト部長時代2年間の2度に渡って縁があり、それぞれ印象的な出来事がありましたので何回かシリーズでお話ししましょう。

ロッテが球団を買収して昭和45年にリーグ優勝しましたが、その後低迷していた折、昭和48年に金田さんがロッテオリオンズの監督としてやって来ると言う事になったのです。我々選手の間に激震が走ったのでした。「エッ、まさか金田さんが…。ウソだろ…。」誰もがそんな感情で受け止めたのです。何せ「球界の天皇」として君臨してきたとんでもない人です。晴天の霹靂でしたね。この現実をどのようにして受け止めたら良いのか、まさに戦々恐々であった訳です。選手達の戸惑う姿が目に浮かぶでしょう。これは選手だけではなくコーチ陣にも同じで、「お前はいらない。」と言われたらそれで終わりです。

前人未到の400勝を挙げた雲の上の偉大な人です。自ら「ワシは天皇じゃ」と言ってはばからない傍若無人な人、自己中心的で他人の意見を聞かないワンマンな人等々、世間でこのように言われていた人に、今後どのように対峙していったら良いのか戸惑うばかりでした。ただ、はっきり言える事は相手は監督であり、こちらは選手の立場である事で、だったらやるしかないと言う事です。

「ワシが重光オーナーから球団の全てを任された。今後はオーナーの言葉としてワシの言う事を聞け。」身長184cmは私より高いし、その上この高圧的な態度は、今までの監督像とは違い、経験した事の無いタイプで、少なからず反感を覚えた選手は多かったでしょう。

「1月の自主トレーニングは全力で走れるコンデションで集合せよ。」と金田監督からの通達がマネージャーよりあったのですが、「まあ良くある話でいつもの事だろう。」と甘く見ていました。自主トレ初日、球場に行くと、早稲田大のトレーニングコーチの先生が来ていて、いきなり全力のランニングに入ったのです。ろくな準備もしてこなかった選手にはたまりません。

「ロッテ集団離脱」の文字が各スポーツ紙を飾ったのです。その中に高を括っていた私も含まれたのです。「右膝挫傷」で結局開幕に間に合わなかった苦い経験をしました。自業自得だったのです。自らの成功体験があるからでしょう、金田監督の走る事へのこだわりは大変なものでした。故障上がりの選手やベテラン関係なく延々と走らされたものでした。

セ・パ両リーグで初めて首位打者を獲った江藤慎一さんもその一人です。「木樽よ、これを見てくれよ。」ベルトのそれぞれの穴に日付がマジックで書いてあり、「こんなに痩せてしまって力が入らんよ。」走る事が嫌いな江藤さんはしきりに嘆いていましたっけ。

入団2年目に痛めた私の腰はこのランニングで次第に悲鳴を上げてきたのでした。何とか体幹の強化とマッサージ、針治療などで騙しながらここまでやってきたのです。トレーナーを通じて金田監督に訴えたところ、「そんな腰なんかワシだってやって来た。心配いらん。」の一言です。やがて金田監督と気持ちの行き違いが少しずつ生じ始めてきたのでした。

2　金田正一さん　その2

金田さんは選手時代、スポットライトは常に自分中心に浴びていた人ですから、監督になってもそれは選手でなく自分中心でなければならないのでした。

とにかくファンサービスが旺盛でファンを喜ばすコツを知っていて、試合にはコーチャーボックスに出ていわゆる「金やんダンス」をやるとお客さんが「うおー!」「キャー!」と大いに喜び、それに乗せられてまた派手にダンスをやる始末で、ベンチでも大笑いでした。

ある日、コーチャーボックスに立たなくなったのです。「金やん出て来い!金やんダンスをやれ!」とファンはせがみます。実を言うと金やんダンスをやりながらサインを出していたのがばれてしまったのです。ダンスをしながら攻撃のサインを出すなんて考えられないでしょう。おもしろい事を考えるのも金田監督らしいですね。金やんダンスは片足ずつ大きく交互に跳ね上げ体をひねる体操ですが、その時手の指の本数で、バント、ヒットエンドラン、盗塁のサインを出していたのですから、ばれるのは時間の問題であったです。

金田監督は投手出身の為、あえて投手コーチは置かず、醍醐猛男バッテリーコーチに投手を見させていたのです。先発投手が試合前にマウンドでウォームアップの為に7球投げるのですが、最初の1

球投げただけで、「おーい醍醐、これは駄目だ。交代するぞ。」と言うのです。ワシは４００勝投手だぞ。１球見れば分かるのだと、言わんばかりに。醍醐コーチは馬耳東風でそそくさと遠ざかって行ってしまいます。当然です。まだ試合は始まっていないのですから。ベンチの選手はそんな言葉に白けてしまいますね。

普段はおとなしい人が仕事になると急に変わる人っていますよね。我々プロ野球人も当然試合になれば闘争本能むき出しで戦う訳ですから、目の色が変わって近寄りがたい雰囲気になります。金田監督の場合は変わるどころか「豹変」すると言った方が表現は適切でしょう。

失敗した選手に対して「クソミソ」に野次り飛ばすのです。通常の野次は敵方から来るのですが、味方のそれも監督が、バッターボックスやマウンドの自軍の選手に対して、「しっかり打たんか、このバカたれ！」「どこに投げとるんじゃ！こんなの投げさせるんじゃなかった！引っこめ！」と大声で野次るのです。いや、野次というより、むしろ「罵倒」ですね。言われている当人は勿論、ベンチの選手にとっては聞くに堪えない言葉です。選手はそんな罵声に絶えながらやっていたのです。

私もありました。連続ヒットを打たれ失点し、尚もピンチを迎えていた時、金田監督から痛烈に罵倒され、それを聞いていた相手ベンチから「木樽、こちらに帰って来い！」とまで言われる程でした。言われた当人の精神状態は穏やかではありません。そうでなくてもピンチを背負ってカリカリしているのですから。どちらが敵で、どちらが味方か分からなくなる程でした。

ある試合で早々にノックアウトされ、例のごとくクソみそに罵倒された反発と打たれた悔しさから、名誉挽回したくて金田監督に、明日もう一度先発させて欲しいと強引に申し込んだ事がありました。先発投手のローテーションは1週間単位で決まっているのですから、無理を承知で頼んだのです…。

3　金田正一さん　その3

ローテーション、つまり投手が先発する順番は既に1週間分決まっているので、それを強引に変えてくれと言っているのですから無茶な要求です。今までこんな事を言う選手は居なかったはずです。私は後先考えず挑みかかって言ってしまったのです。

金田監督は私の目をジッと見て、「明日は既に先発投手が調整完了しているから、明後日の先発なら良い。」私の思いが通じたのが嬉しかったのですね。意気に燃えて投げ、3対1で完投勝利し多少溜飲を下げましたが、後になって冷静に考えると、もし再度打たれたら自分の立場はどうなっていたのだろうか。若さとは時として無謀なまでにあと先考えずに突進してしまうのですね。先発投手陣に与える影響は少なくないのですから、平身低頭してお詫びしたのでした。

当時の先発陣は、私と成田文男さん、金田留広さん、村田兆治君、八木澤荘六さんのメンバーでした。一番厳しい言葉を浴びせられたのが成田さんでしたね。成田さんは修徳高校出身で、私より1つ年上で気持ちが優しく、よく私を可愛がってくれました。また、良きライバルとして競い合って成長していっただけに、金田監督の言葉に反発しない成田さんにも腹が立った程でした。

シーズンも終盤になると各タイトル争いが起きます。雨で中止になったゲームが終盤の日程に組み込まれてきて、タイトルの行方は誰を優先的に投げさせるかにかかってくる訳です。チームの順位も然る事ながら、個人のタイトルも監督は考慮しないといけないのです。当時、私と金田監督の弟の金田留広さんが13勝で争っていたのです。金田監督としては「弟に獲らせたい。」という気持ちになって当然でしょう。結局金田留広さんが16勝して最多勝のタイトルを獲得しました。金田監督の気持ちをそれとなく理解していましたから、金田兄弟愛におめでとうでした。

最多勝のタイトル争いと言えばこんな事もありました。昭和46年でした。私と阪急のエースである山田久志君が22勝で最多勝を争っていた時でした。阪急ブレーブスは前夜のロッテ戦で優勝を決め、その翌日、阪急の投手コーチからロッテの投手コーチに「22勝で２人が最多勝でどうだ。」と打診があったのです。話を聞いた私は怒り心頭で「話し合いでタイトルを獲っても価値はない。勝負したいので断って欲しい。」と伝えてもらったのです。その日は私が先発だったのです。結局完投で23勝目を挙げ、最終的に24勝でタイトルを手中にしたのです。

話を戻しましょう。仙台での試合でノックアウトされた時でした。腰痛の持病が深刻になっていて、自分の考えている投球が中々出来ないもどかしさと、打たれた自分に腹が立ったのと、更に例の金田監督の怒鳴る声を耳にした時、思わず通路にあった空ビン数本を蹴り上げてしまったのです。これが自分でもびっくりする程の音を立て、自分を代えた金田監督に対しての腹いせだと誤解されたのです。金田監督は怒り心頭で、「マネージャー！あいつを東京へ帰せ！」止めるマネージャーの言葉を振り切って仙台から新幹線で帰宅してしまいました。ついに大騒動が勃発したのでした。しかし、帰宅したところ妻のもとに金田監督の奥様から既に電話があり…。

4　金田正一さん　その4

金田監督の「東京に帰せ！」の声にマネージャーの制止を聞かず仙台から東京に帰って来てしまったところ、妻のもとに「奥さん、木樽さんに伝えてね。うちの人は口では強く言っても腹には何も無い人なのよ。気にしないで頑張るように言ってやってね。」と、わざわざ金田監督の奥様から電話があったのです。当然、金田監督が奥様にいきさつを話し、電話してくれと頼んだのでしょう。

金田監督は一見豪快に見えても繊細な面もあって、この奥様の電話で気を使ってくれている事が分かり、いっぺんに高ぶっていた気持ちが冷静になりました。そして、監督をはじめ、奥様やチームの関係者にまで迷惑を掛けて申し訳なく、反省する気持ちになったのでした。奥様にも感謝しなくてはならない思いでした。この一件から金田夫人は私達家族を常に心にかけてくれて、可愛がって頂きました。

静岡の草薙球場で行われた巨人とのオープン戦で、右顔面にライナーの打球を受けて昏倒した事がありました。「これは折れたな」と覚悟したのですが、レントゲンの結果、やはり「右頬骨陥没骨折」の診断でした。

試合終了後、金田監督が病院に見えて、「病院は形成手術をすると言っているがどうする?」それをすると完治まで更に1ヶ月以上かかるとの事だったので、開幕1週間前の大事な時期だった為にそれを断り、当時、巨人軍専属の吉田接骨師のもとに静岡の病院から救急車で直行してもらったのです。

私をマスコミから守る事と食事の件もあって、金田監督は「ワシの所で当分養生したらどうや。そうせい。」と言って頂き、結局10日間も金田家にお世話になったのでした。

当時中学1年生の長男の賢一君と、２人の小学生の正子ちゃん、幸子ちゃんが居ましたが、３階の客間にはいつも３人が入り浸って「木樽さん、何か欲しいものはない?喉乾いていない?」「木樽さん、お風呂が沸いたよ。」本当になついてくれて良く面倒を見てくれました。のんびり寝てはいられない思いで、お世話になって３日目で体を動かし始めたのですが、ここにも３人の子供達が一緒に付いてきて近所を案内してくれたのです。

金田監督は普段選手の前では「酒とたばこは駄目。」と口癖のように言っているのに、「樽、たばこどうだ。酒も少しぐらい良いだろう。」と、普段と違う顔が見られました。また、金田天皇も元タカラジェンヌの奥様には頭が上がらない姿を見てしまい、グラウンドの監督の姿と全く違いすぎる姿に面食らってしまったりして。

何と言っても一番感激した事は、わざわざ名古屋から金田監督のお母さんが私の為に食事を作りに来てくれた事でした。何せ顔は腫れて口が開けられない状態の為、お母さんが特性の雑炊を作ってくれたのです。日本一、いや世界一の雑炊でした。お母さんの心がこもった雑炊の味は今でも口の中に蘇ってきます。感謝の言葉もありません。

私が現役を終えて何年か後にそのお母さんの逝去の知らせを受け、急ぎ妻を伴って名古屋の告別式場に向かい、金田ご夫妻に挨拶に行ったところ、金田さんが階段の上からいち早く我々を見つけて、お悔やみの言葉を言う前に「2人してよう来てくれた。よう来てくれた。有難う。」と目を潤ませて手を取り合って再会をしたのでした。

金田家とは家族ぐるみのお付き合いをして頂き、妻はあれから奥様に何かと相談したりして二人とも成長させて頂いたのでした。

5　金田正一さん　追悼抄

令和元年プロ野球のクライマックスシリーズが開幕し、やがて日本シリーズを迎えるそんな大事な10月6日の夜に金田さんは息を引き取ったのでした。平成30年の日本人の女性の寿命は87・32歳で男性は81・25歳でしたが、金田さんの86歳は少し長生きしたとはいえ、健康には人一倍神経を使っていた本人にすれば全く不本意だったはずです。散歩やストレッチは欠かさず、食事も常に考えて摂っていました。「ワシは100歳まで元気でいるんじゃ。」そんな声が聞こえてくるようです。

亡くなった知らせを聞いた2日後の10月8日に妻を伴って金田家に弔問に訪れました。訪問の前日に金田さんの長男の賢一君に連絡をしておいた事もあり、懐かしい玄関を開けた途端に金田さんの3人のお子さんが駆け寄ってお互い手を取り、妻は2人のお嬢さんと抱き合って懐かしんでいました。あれから40年以上も年月は経ったものの、純粋な心は変わらず一気に当時に戻って思わず抱き合うに至ったのでしょう。何しろ私が右頬骨陥没骨折で金田さんの家に10日間お世話になった時は、長男の賢一君は中学生で、長女の正子ちゃんは小学校高学年、次女の幸子ちゃんは小学校低学年で、常に私の枕もとに居たのですから。

この次女の名前がなんと私の家内と同じで「幸子」と書いて「ゆきこ」だったのです。当時、その話をしたら目を丸くして喜んでいました。「木樽さん、覚えていますか?」幸子さんは私に一冊の絵本を差し出しました。そして、「木樽さんに書いてもらったんですよ。」と後ろのページをめくると、「かわいいゆっこちゃん。またあそんでね。ロッテ木樽正明」確かに私の字です。あれから45年程前の事ですっかり忘れていたのに、立派な大人になった幸子さんはずっと大切に持ってくれていたのです。感激して思わず手を握りしめてしまいました。

家族ぐるみのお付き合いの中、妻は元タカラジェンヌの奥様に大変可愛がられて、何かにつけアドバイスをもらっていましたので、会うのを一番楽しみにしていたのですが、高齢もあり体調を崩し入院しているとの事で、残念ながら再会は叶いませんでした。

金田ご夫妻の結婚25周年のパーティーに私達夫婦が招待された事がありました。このパーティーには親族以外は我々2人だけでした。派手好きな金田さんに贈り物は何が良いかと妻と相談し、銚子の外川の小澤大漁旗染元に頼んだ結婚25周年の大漁旗を贈り、みんなの前で披露したところ、ご夫婦ともども目を丸くして大喜びでした。

2日前に亡くなった金田さんは、かつて私達家族を迎い入れてくれた応接間に横たわっていました。以前は部屋中に勝ち取った証しであるトロフィーをはじめ、盾や写真などあらゆる物が所狭しと飾ってありましたが、今日はそれらは見当たりません。まるで眠っているかのように穏やかな顔で、今にも起き出して「おう、樽!よく来たな。元気でやっとるか!」そんな声を掛けられそうで。布団の中の冷たく、細くなった手を握りしめ「いろいろご迷惑を掛けました。有難うございました。」と言うのが精いっぱいで、金田さんの顔が涙で曇ってしまい何も言葉になりません。

プロ野球界に63歳までお世話になった中で、もっとも関わり合いが深く、人間味に溢れた金田さん。現役時代に気持ちの行き違うこともありましたが、金田さんに勝負に対する厳しさ、人間の大きさ、人間の深さ、優しさ、気使い、家族愛、多くの事を教えて頂きました。私の生き方に強い影響力を与えてくれて感謝以外に言いようはありません。金田さんが常日頃言っていた「野球の素晴らしさ」を遺言として伝えていきます。安らかにお休みください。有難うございました。

6　清武英利元巨人球団代表

清武英利代表は、私が巨人軍で過ごした9年間のうち7年間上司であって大変印象深い人です。野球の経験は全くありません。読売新聞社の運動部長から読売巨人軍の球団代表になった方で、当時の渡邉恒雄会長の後押しがあっての就任ともっぱらの噂でした。当時はバリバリの50歳前半でしたから、巨人軍の強化に燃えていたものです。前球団代表時代には無かった日報、月報の提出が義務付けられ、書類提出は全てパソコンですから、私は必死で習ったものでした。

「12球団の全選手のリスト、及び評価を提出せよ」の指令が早速下りました。育成選手を入れると約９００名にもなり、提出期限付きなので我々編成調査室は少人数で連日徹夜をして必死で作業したものです。野球経験者には分かる言葉でも清武代表には通じないものが多くありました。例えば、腕の「しなり」、ボールの「キレ」や「伸び」、グラブ「さばき」といった多くの野球専門用語です。ある時、清武代表から電話があり、日報に書いたそれらを質問されたのでした。丁寧に説明しても残念ながら完全に理解するまでには至りません。そんな自分が悔しかったのでしょうか。ある時、選手の全てを「数値化」させると宣言したのです。野球経験者でない清武代表が考え出しそうなものですが、これが簡単にはいかない問題で実用化するまで大変でした。数値化のシステムを４千万円も掛けたと豪語していましたが、数値化だけでは測れない選手の能力評価があるのです。

この頃の清武代表は多くの肩書が付き、巨人軍の大半の権力を握っていたといっても過言では無いでしょう。私がある時、トレード相手の選手の年棒が高いと言ったら「木樽さん、ここは巨人ですよ。ロッテのイメージを無くしてください。」と言われ、巨人軍の大きさを痛感させられました。

ある日、ロッテの選手時代に球友であった日本ハムファイターズの山田正雄編成部長（当時）から「マイケル中村を獲ってくれないか？」と連絡があったのです。当時のマイケルは日本ハムの抑え投手でした。巨人が抑え投手不足を知っての話です。当時の年俸は約3億円で、日本ハムでは払いきれないことが理由でした。先ず、故障の調査をしてから代表に報告しようとしたのです。ところが、帰宅途中に清武代表から「マイケル投手の件を新聞記者から聞いたが。」と電話があり、こちらにも既に申し込みの話があった旨話すと、「なぜ直ぐに報告しないのだ！それなら勝手にやれ！」と、突然烈火の如く怒鳴られた「マイケル事件」があったのです。相手側から話があって直ぐに報告しなかった事に怒っているのです。電話を掛け直して理由を話しても怒りは収まりません。翌日、怒鳴られるのを覚悟で清武代表の出社を待って一番に代表室をノックしたところ、ニコニコ笑っているではありませんか。「マイケルの件は君に任すから勧めて下さい。」と穏やかにおっしゃいました。「瞬間湯沸かし器」のあだ名通り、昨日の事は全く忘れた如くさっぱりしたものでした。この事件は互いの信頼関係を更に強くした出来事でした。60歳定年が3度更新されて、結局、63歳まで一緒に巨人軍強化の為に仕事をした同志でした。

俗に言う「清武の乱」で巨人軍を退団するまで、3軍の創設、読売ランドにあるジャイアンツ球場のナイター設備の設置、室内練習場の拡大、3軍選手の練習環境の整備と、その功績は素晴らしいものがあります。私にとって思い出深い、人間味溢れる人でした。現在も親交があり、今はジャーナリストとして活躍中です。

7　長嶋茂雄さん

今回は長嶋茂雄さんのお話です。あまりにも有名で読者の皆様にも少なからず思い出があるのではないでしょうか。活躍に勇気づけられた、あこがれて野球をやった、ヘルメットを飛ばすスイングやランニングスローを真似たなど、多くの思い出があるでしょう。

長嶋さんは私にとっても憧れの選手であり、強力なライバルでもあったのです。昭和45年の日本シリーズは我がロッテと巨人軍との戦いでした。遠くに見るONの姿には仰ぎ見る程のオーラを感じたものです。この時点で気後れしている自分が居ました。しかし、まだ若造だった私は、負けじ魂が逆に強くなり、ロッテのエースとしてのプライドもあって「打倒長嶋」に燃えたものでした。

同じ千葉県出身でも中々親しく会話をする機会は無く、セ・リーグとパ・リーグだとオープン戦や日本シリーズ以外で顔を合わせる事もありません。現在のように交流戦のなかった時代ですから、長い間プロ野球界に在籍していたにも関わらず、長嶋さんと親しく会話を交わしたのは私が巨人軍に入ってからでした。

プロ野球12球団の春季キャンプは主に沖縄県、宮崎県、高知県等温暖な地域で行っています。巨人軍の編成調査室所属の私は、巨人軍をはじめ他球団のキャンプ視察をこの時期にします。そんな折、中日ドラゴンズのキャンプ地である沖縄・北谷（ちゃたん）球場で長嶋さんの当時のマネージャーの小俣進君と出会ったのです。小俣君は私がロッテ球団の2軍投手コーチ時代に巨人からトレードで来た選手でしたので、充分な面識があり、長嶋さんと会う運びになったのでした。それは長嶋さんが脳梗塞で倒れる2か月前の事でした。

北谷球場の一室で長嶋さんと1時間程話し込んでしまいました。今でもその時に撮った写真をパネルにして大切にしています。「昭和45年のロッテとの日本シリーズは覚えていますよ。」いつもの様に柔らかな優しい言葉使いで、緊張していた私との距離が一遍に縮まったものです。その席で、長嶋さんが「小俣、所（現在のマネージャー）、4人で今夜食事をするぞ。」と、那覇市内の高級ホテルのレストランに行く事になったのです。

仕事を終えた私と所君は宿舎からタクシーで出掛けましたが、渋滞の為、途中で降りて駆け足で高台にあるホテルに到着した時は約束の時間ぎりぎりでした。長嶋さんは酒はもちろんタバコもやりません。我々3人でワインを飲んで鉄板焼きを頂いたのです。終わる頃になって「飲みに行こう。」と長嶋さんが言い出しました。長嶋さんをよく知っている小俣マネージャーはびっくりして、「木樽さん、これは大変珍しい事ですよ。」長嶋さんはめったにこんな事は言わないそうで、「木樽さんを大歓迎しているのです。」と教えてくれたのです。那覇市内の高級クラブへ繰り込み、長嶋さんは店のホステスに任せて、我々３人は大いにご馳走になり、更に交流を深めたのでした。

平成30年に銚子にオープンしたスポーツ合宿施設である「銚子スポーツタウン」のオープニングイベントに長嶋さんに出席していただきたいと思い、佐倉市主催の「長嶋茂雄野球教室」にお願いに行った時でした。先に部屋で待機していた長嶋さんが不自由な足で立ち上がり、私たちを迎え入れてくれたのです。体調不良なのにわざわざ立ち上がって迎え入れてくれた事に私は大感激し強く左手を握りしめたのでした。

私がふるさと銚子に帰って来た経緯、銚子市の活性化など熱く語ったのをジッと聞いていた長嶋さんは、ウンウンと頷いて「分かりました。行きましょう。」と快く了解してくれました。一緒に同行した銚子スポーツタウンの小倉社長、滝田支配人（当時）も喜んだのですが、最終的に健康上の理由でストップがかかって願いが叶いませんでした。出席してもらえなかったのは残念でしたが、お互いの気持ちは十分通じたのです。体調の回復を神に祈るばかりです。

平成16年（2004）沖縄キャンプにて長嶋茂雄さんと

8　王貞治さん

昭和45年の巨人軍との日本シリーズで戦った3番打者が王貞治さんでした。ON砲と呼ばれ子供の頃は憧れの存在であり、雲の上の手の届かない、自分とは全く関係のない存在だった巨人軍や王貞治さんは、私がプロ入りしてからは強力なライバルとしての存在になっていったのです。

プロ野球選手として王者の巨人軍を倒すのが目標でしたから、いつか機会がきたら「絶対に打ち取ってやる。」という気概は常に持ち続けていました。まして人気のないパ・リーグに所属している私にとって「ひがみ」もあり、なおさら募る思いであったのは当然な事でした。

「両雄並び立たず」の例えがありますが、長嶋さん、王さんにとってはその言葉は当てはまらなかったようです。それは王さんが常に長嶋さんを立てていたからなのです。王さんは長嶋さんより4歳下ですから、先輩を重んじた姿勢が両雄だけでなく、チームにとっても良い雰囲気を作り上げたのでしょう。また、ライバルとして互いに切磋琢磨し更に成長し、長嶋さんも王さんを認め、尊重したからこそ両雄が並び立ったのです。この姿勢は見習うべき事と思います。

しかし、このONにも罪があるとすれば、年棒をマスコミに「過少発表」していた事でしょう。公表より多く貰っていた給料を少なく発表していた為に、「プロ野球選手全体の給料のレベルアップを抑えてしまった」と球界ではもっぱら言われていたのです。球団側にとって都合が良いとしても「追いつき追い越せ」の励みで戦って来た選手達には失望感があったのは確かなのです。

私が王さんと初めて親しく話したのは23歳の時でした。昭和45年の巨人軍との日本シリーズ前のベースボールマガジン社の座談会でした。セ・パ両リーグのMVPとして、日本シリーズに向けての抱負を語り合ったのです。あの王さんの偉ぶらない親しみのある優しい笑顔に魅了され、お蔭で緊張がほぐれた思い出が今も強く残っています。お蔭で座談会は7歳の年齢差も感じる事なく楽しく終わる事が出来たのでした。

昭和45年（1970）日本シリーズ直前　王貞治さんと

ある年のオールスター戦で、私は南海ホークスの野村克也さんとバッテリーを組み、打者に王さんを迎えました。野村さんのサインが全てスライダーだったのですが、大先輩である野村さんのサインに首は振れません。一方、王さんのスイングもインサイドのスライダーに、一歩も引かない姿勢で対応してきました。投げていて怖いという思いより、楽しくミットめがけて投げられ、私にとって素晴らしい時間を共有する事が出来たのです。

時代は下って、王さんがダイエーホークス（現：福岡ソフトバンクホークス）の監督の時、私は巨人軍の編成調査室兼育成コーチになって、ダイエーホークスの春季キャンプを視察に行きました。王監督に挨拶をするべく入り口に立ち、タイミングを計っていたところ、王監督が私の姿を見つけてくれ、わざわざ歩み寄って来てくれたのです。

既に、私が巨人軍にお世話になっている事は知っていて「巨人は良いだろう?」と。「長い間パ・リーグのロッテで苦労している事は承知済みだよ。」とでも言いたげにやさしい言葉をかけてくれたのです。「お互いに球界の為に活発にトレードしようよ。」とも言ってくれました。若い時に戦った思い出が脳裏を駆け巡り、王さんの心の広さ、深さを改めて感じ、見習うべき多くの事を学ぶ事が出来たのです。

9 張本勲さん

今回はパ・リーグで直接対戦した球界の偉大な打者であり投手として大変苦しめられた思い出のある張本勲さんです。日本プロ野球で3085本安打は日米通算でのイチローを除いて歴代1位です。本塁打も500本以上打っているこれまた偉大な打者です。多くの投手が餌食になりました。この功績は張本さんの熱心な研究の成果だったのです。「なくて7癖あって48癖」と言いますが、現在の野球界では投手の球種の癖が命取りになるケースが多く、投手にはビデオ撮りで徹底的に無くす教育をしていとます。当時のプロ野球ではまだ投手の球種の癖を見つける時代ではなかったのですが、張本さんは誰よりも早く密やかに自分のものにしていたのです。これも立派な技術のうちですから責められません。

張本勲さんは現在、毎週日曜日の朝のテレビ番組で活躍しています。球界の御意見番といった立場で、歯に衣着せぬ語り口でお茶の間で人気があります。現役時代の武勇伝は数知れず、私にとって7歳年上の大変恐い先輩でもありました。若い頃は「球界の暴れん坊」とも言われて、学生時代からケンカ早くプロ入りしても幅を利かしていた程で、内角に投げようものなら睨み付けられ、尚も投げるとマウンドに肩を怒らせて歩み寄って来る程でした。これは外国人選手によく見られるポーズで、日本人選手に体の近くにボールを投げさせない為に威嚇しているのです。

張本さんのその闘争心は元来持っているものなのでしょう。本人も言っていますが韓国人二世ですから、「日本人に負けてたまるか。」といった意識がより強く、子供の頃は辛い事がいろいろあっての行動であったと後に語っています。

張本さんは昭和57年の韓国プロ野球の立ち上げに大活躍しました。日本プロ野球界の韓国系選手のリストを持って、韓国プロ球団に入団させるべく勧誘に動いたのです。今では韓国プロ野球の育ての親として韓国プロ球界からは大変尊敬されているのです。

昭和49年、ロッテが金田監督の時に中日を破って日本一になった後に2泊3日で韓国遠征を実施しました。空港や球場には大勢が押し寄せて大変な歓迎ぶりでした。特にロッテの在日韓国人選手には大きなのぼりが何本も立っていましたね。この韓国遠征は重光球団オーナーが祖国への凱旋帰国ととらえていて、我々選手は観光気分で臨んだ親善試合でしたが、韓国チームは現在と同じように「打倒日本」で闘志むき出しで必死の形相で向かって来ました。我々ロッテはと言うと、レギュラー級はほとんど出ず、控え選手中心で試合に臨み、2試合とも何とか勝って面目は保たれたのでした。また、韓国のロッテジャイアンツと日本のロッテオリオンズは兄弟チームですから、私が2軍監督当時は韓国からコーチが派遣され交流もよくしていました。

張本さんは今も野球に対しての情熱は衰えていません。これからも日韓の交流やレベルアップに益々貢献してくれる事を期待しています。

10　村田兆治さん　その1

私が入団3年目に、村田兆治が福山電波高校から東京オリオンズにドラフト1位で入団しました。当時投手コーチであった植村義信さんに「木樽、新人の村田を面倒見てやってくれ。」と言われ、鹿児島県の指宿キャンプで同室になって、練習や風呂、食事までいつも一緒に行動したものでした。

私は前年抑えで8勝したとはいえ、腰痛から再起をかけてのキャンプでしたから、必死で練習をしていた時期でした。チームの全体練習が一通り終わると、個人練習になり、同じ投手で新人の村田はいつも私の練習に付き合う事になります。新人には相当きつい練習内容であっても必死に付いて来ました。まだ体力的には弱く、２年間の差は大きいものでしたが、その頑張る姿勢がやがて大きく開花する事になるのです。

村田は腹筋や背筋の体幹トレーニングになると全くダメで、私に尻や頭を小突かれ、泣きべそをかきながら歯を食いしばって付いてきていました。ランニングも10メートル前から走らせ、それを私が追いかけるといった事を繰り返し、結果的に互いに良いトレーニングとなったのです。後に、私がコーチの時、村田の２００勝記念パーティーで「２００勝挙げられたのは木樽さんのお蔭なのです。」と、しみじみ皆の前で言っていましたが、この時の苦しいトレーニングを思い出しての事でしょう。

腰痛からの再起をかけた必死の指宿キャンプも、たまに息抜きで指宿から鹿児島市内までタクシーで出掛けるのですが、村田も当然付いてきます。先輩が社会勉強を兼ねて後輩を夜の巷に連れて行く事は今もよくある事です。私が入団した時もそうでした。因みに、プロ野球の世界は縦社会ですから、後輩の方が給料が高くても先輩がお金の面倒を見る慣習になっています。

やがて村田は成長して１軍で先発するようになっても、課題であるコントロールが安定しない為、抑えの私にとって厄介な存在だったのです。四球を連発しピンチになると思えば、三振を連続で獲るといった投手だったので、私は何度もブルペンでピッチング練習をする羽目になる訳です。「お前は俺を潰す気か！」と半分本気で言ったものです。

村田兆治と言ったら、「マサカリ投法」と言われるくらい独特なフォームで有名ですが、これは後の鹿児島キャンプ中に生まれたものです。村田の課題はコントロールだったので、同部屋でいろいろ野球談議をしているうちに、何かヒントを得たのでしょう。ある日、「木樽さん、こんな感じはどうでしょうか?」そのシャドーピッチングを見て驚きました。今まで見た事もないフォームだからです。「格好悪いよ。でもお前が良いと思ったらやってみたら。」となったのです。村田はどちらかと言えば不器用なタイプで「一度決めたらまっしぐら」の性格を知っていますから、敢えて反対はしませんでした。このフォームは強靭な下半身と体の柔軟性がないと投げられません。やがて投げ込んでいくうちに徐々にフォームが自分のものになっていったのでした。

世間ではよく言われます。「後輩が成長して来たなと思った時は既に肩を並べていると思え。」そして、「並んだと思った時は既に追い越されていると思え。」正しく村田の成長の勢いは素晴らしいものがありました。不器用で無骨に努力を重ね、一途の練習により体得したもの程強いものは無く、この野球に対しての姿勢は私も大いに刺激を受けたものでした。

11　村田兆治さん　その2

村田兆治を失礼ながら不器用と言いました。その不器用な面の典型的なのがピッチャーゴロの処理です。もう少し上手だったらもっと勝てていたでしょう。プロ野球の打球は速いですから、ピッチャーゴロを捕り損なうとセンター前ヒットになり、普通に捕ればアウトは確実に1つ取れ、上手くいったらダブルプレーを取れる事になります。私が見ていて彼は何度捕り損ねた事でしょうか。本人もそれを分かっていて、私がノックしてやって、人一倍練習をさせたのですが、「木樽さん！僕はセンスがありません。ピッチャーゴロを打たせないように投げます！」と言い出す程でした。

村田兆治と言えばマサカリ投法の他にフォークボールです。覚える当初、キャンプ中の風呂場で人差し指と中指を開いて左のこぶしをその間に入れて指関節を柔らかくしていたのです。長い指も相まって独特のフォークボールをマスターし、勝ち星を重ねていったのでした。しかし、マサカリ投法とフォークボールの投げ過ぎで、右肘に強い負荷がかかり痛めてしまったのです。多くの治療法を試しても完治せず、最後の手段として日本プロ野球選手で初めて、「トミー・ジョン手術」に踏み切ったのです。当時の日本の医学では、「手術したら選手生命は終わる。」と言われる程、スポーツ医学が発達しておらず、私の腰も手術に踏み切れなかった、そんな時代でした。左腕の腱を右肘に移植する手術なのですが、成功したと言っても復帰まで2年の長い期間が必要でした。治療とリハビリの姿を見るにつけ、村田の野球に対しての執念を見る思いでした。

ちょうど私が2軍の投手コーチでバッテリーが沖縄でキャンプを張っていた時、そのリハビリに付き合っていました。病院からのリハビリメニューを見てキャッチボールの距離を確認するのですが、それ以上にどんどん距離を伸ばしていくので、その距離を保つ為に私も必死でした。最後には外野のフェンスまで行ってしまった事もありました。何しろ、再起を果たそうとする強い気持ちはすさまじいものがありましたから。

村田の趣味は釣りで「木樽さん！1度くらい釣りに付き合って下さいよ。」鹿児島キャンプの休日に片道2時間半の甑（こしき）島まで行ったのですが、私は荒波に船酔いして大変でした。自慢ではありませんが、銚子出身なのに船には弱いのです。子供の頃、父親に連れられて、伝馬船で銚子の東にある一の島灯台を回って夫婦ヶ鼻の根魚釣りに時々連れて行ってもらった時も、船酔いで苦しんだ程ですから。

甑島ではメジナが目当てで、撒き餌とオキアミで釣るのですが私にとっては初めての釣りでした。しかし、私の方が数釣って「木樽さん！何で自分より多いの？それはないでしょう！」と負けず嫌いを丸出しで悔しがっていましたが、「兆治！俺は銚子出身だぞ！お前なんかに負ける訳ないだろう！」晩飯はメジナの刺身をみんなにふるまって乾杯でした。

村田は入団した当時から視力が弱く、コンタクトレンズなどを試した事もあったのですが、結局、合わずに使わなかった為に、ナイターとなるとキャッチャーのサインが良く見えず、自分からサインを出していたのです。それも相手選手の知るところとなって、ノーサインで投げるようになったのでした。当時のキャッチャーは法政大学で江川卓投手とバッテリーを組んでいた袴田英利君でした。袴田君は何とか村田のボールを必死で捕っていましたが、「木樽さん、コンタクトをつけるように村田さんに言ってください！」と、切実な思いでコーチの私に訴えていましたっけ。「直球に合わせていたら捕れるだろう。」と言ったものの、荒れ球を腕にあざを作りながら、身を挺して捕っていた袴田も立派なキャッチャーでした。

村田との付き合いは既に50年超えの長きになりましたが、今もなお変わらぬ友情が続いています。振り返れば、選手時代からコーチ時代と思い出が蘇ってきます。無骨で努力家で負けず嫌いで、私にとって村田兆治は偉大な後輩であり、良きライバルでもあり、そして「感謝」であり「誇り」です。

12　金田留広さんと成田文男さん

終戦後の昭和21、22年はベビーブームで、プロ野球界にも良い選手が大勢居ました。そんな1年先輩である金田留広さん、成田文男さんは私のチームメートであり、良きライバルでもありました。同じチームに居る事でより意識し、何かにつけライバル心むき出しで、追いつき追い越せで必死に自分に鞭を打ったものです。その素晴らしいライバルのお蔭で成長できたのですから、感謝の言葉しかありません。

そのライバルの一人であった金田留広さんの訃報が突然届いたのです。最近会ったのは、私が銚子に帰ってくる前年、神宮球場でした。いつもの人懐こい笑顔で近寄ってきて話し込んだのですが、まさか亡くなるとは信じられない思いです。そして、もう一人のライバルであり公私共に親交が深かった成田文男さんも既に亡くなっています。共にロッテオリオンズ時代に同じ釜の飯を食い、切磋琢磨し日本一を勝ち取った仲で、まして、年齢は一つ上ですからショックは大きいのです。星野仙一さん、衣笠祥雄さんも既に亡くなっていますが、彼らと同い年になります。

兄である金田正一さんがロッテの監督になった2年目に東映フライヤーズから弟の留広さんを呼び寄せたのでした。留広さんとしては監督が兄と言う事で、我々には相当気を使っていると同時に、我々も警戒心があったのは確かでした。兄である金田監督と違い、性格は穏やかでしたが、負けず嫌いやパフォーマンス好きの所は一緒でした。実によく練習した人で、お蔭で私も刺激を受けたのは言うまでもありません。

移籍した1年目に16勝で最多勝のタイトルを獲得し、リーグ優勝、そして、日本シリーズでは中日ドラゴンズを破って兄弟して日本一なっているのですから、兄に恩返しが出来たと同時に、本当の意味で我々の仲間になった思いだったでしょう。

一方、成田文男さんは修徳高校からプロ入りし、1年目で8勝して若きエース候補として期待されていました。銚商からプロ入りし、その世界をまだよく分からない私に、一番先に声を掛けてくれた人が成田さんでした。私は入団5年目で抑えから先発に回ったのですが、そこで問題になったのは球種の少なさでした。抑えは直球、シュートで仕事が出来たのですが、先発完投を考えると球種が必要なのです。そこで、成田さんの得意のスライダーを習得すべく教えを乞うたところ、快く伝授してくれたのです。本来なら自分の得意球はいわば財産ですから、簡単に他人には教えないのがプロ野球界での通例なのです。先発で成功したのは成田さんのお蔭と今でも感謝しています。

思い出深いのが昭和45年の優勝した年です。私は21勝10敗でしたが、成田さんは25勝８敗で最多勝を獲り、抜群の成績でした。記者の間でＭＶＰの話題になり、私か成田さんのどちらかだろうと言われていましたが、結果的に私がＭＶＰに輝いたのでした。ＭＶＰの選出は５年以上プロ野球を担当している記者が投票で決めるのですが、当然勝ち星だけ見れば25勝の成田さんがもらうと私は思っていたのです。担当記者の話では「先発、抑えと両方やって、一番優勝に貢献したと認められた。」との事でした。しかし、ＭＶＰを争ったライバルでありながら、妬む事も恨む事もなく、互いの信頼関係は崩れませんでした。

思えば遠い昔、銚子の実家に泊まっては美味しい魚を食べ、トレーニングもしました。留広さん、成田さんには特に公私ともにお世話になり、いろいろ教えられる事も多く、後の野球人生にも大きな影響を受けたのでした。共通の思い出を持ち、もっと長く付き合っていきたかった２人でした。なぜ良い人程先に逝ってしまうのでしょうか。残念です。星野仙一、衣笠祥雄、金田留広そして成田文男さんに感謝。

13　原貢さん・辰徳さん親子と孫の菅野智之投手

昭和40年の第47回甲子園大会での銚商との決勝戦の相手は福岡県の三池工業高校でした。我が銚商は0対2で銚子市民の期待に応えられず負けてしまいました。その時の三池工の監督が原辰徳君のお父さんの原貢さんでした。野球界は狭いもので、原家との縁はその後に原辰徳君に続き、さらに甥っ子の巨人軍のエースである菅野智之投手まで繋がっていくのです。

原貢さんは銚商との決勝戦で優勝して念願であった中央(関東)に進出し、東海大相模高で全国優勝を遂げ、更に息子辰徳君と共に東海大学の監督として素晴らしい成績を残しました。原貢さんが東海大の監督をされている時、私はロッテのスカウト部長でしたから、平塚にある東海大の球場に度々選手の視察がてら挨拶に行ったものです。行くたびにあの決勝戦の話になるのですが、勝った者と負けた者では当然立場の違いが出るので、自慢話を聞かなければならないと覚悟を決めての訪問です。大学のマネージャー曰く「木樽さんが来ると出前寿司のランクが違うのです。」との事で、少しは気を使ってくれていたようです。

原辰徳君は巨人軍で3度目の監督を務めていますが、これは大変珍しい事です。以前、原君は辞任当時「思いっきりゴルフがしたいんです。」と私に語っていましたが、もう充分やった事でしょう。就任前の巨人軍の状態を見れば「意気に感じて」再建に身を投じるのは男として当然の事でしょう。

孫の菅野智之投手も原貢さんの自慢の一つです。「俺が教えたんだよ。毎日牛乳を1ℓ飲ませたんだ。木樽君は孫が居るなら1㎞以内に置かないと育てられないぞ。」と言われ、「私の孫は浦和で何時間もかかる。」と答えると、「それは残念だけど無理だね。」と言われてしまいました。私が一番心に響いた言葉は、「人間教育が肝心なんだ。野球の前に社会人として通用する人間でなければならない。」で、指導者として大切な事です。ややもすると勝ちにこだわり過ぎて人間教育をおろそかにする指導者もたまに居るのです。その原貢さんは残念な事に、平成26年5月に急逝されました。

私は巨人を退団した後、ＪＦＥ東日本のヘッドコーチを務めました。東海大学との練習試合で当時学生であった菅野君がわざわざ私の所まで挨拶に来てくれました。「貢おじいちゃん」か「辰徳伯父さん」から話を聞いていたのでしょう。直立不動でしっかりと挨拶をした姿に、原貢さんの教育を感じたものです。

原辰徳君は、私が巨人軍に入団した年に初めて監督に就任しました。宮崎キャンプに挨拶に行くと、会えばお父さんと一緒で「昭和40年の甲子園の決勝戦は良く覚えています。」となります。当時7歳であった辰徳少年は鮮明に記憶していて、私を下をも置かない扱いで監督室に招き入れてくれ、一緒に行った友人達までもてなしを受け、大感激していた事を思い出します。私が巨人軍在籍9年間で2度の日本一になり、記念の腕時計が2個になりました。全て原監督の功績です。原監督自身4個目の日本一の記念腕時計を巨人軍の皆さんにプレゼントして欲しいと願っています。

宮崎キャンプにて　原辰徳監督と

14　広岡達朗さん

広岡さんと言えば巨人の名ショートとして名を馳せたばかりでなく、ヤクルトスワローズ、西武ライオンズ球団での監督として多くのリーグ優勝、日本一と素晴らしい実績を残した名監督でもあります。また、評論家として「歯に衣着せぬ」もの言いで野球の基本に厳しい姿勢を貫いている方で、私にとって野球人の中で最も尊敬する一人です。昭和7年生まれで私より15歳先輩になります。私の次兄で早逝した祐治兄と同い年で同じ早稲田大学でしたから、一緒に大隈重信の銅像を眺めていたかも知れません。その話を広岡さんにしたところ「その頃から君とは縁があったのかも知れんな。」と言っていました。

ロッテの球団GMとしてあの広岡達朗さんが来るという話が広まり、球団の建て直しへの期待と、厳しさへの不安で、球団中が緊張感に包まれたものでした。それまでのロッテ球団は成績も人気共に低迷していて、球団の上層部は全く野球を知らない人達ばかりだった事もあり、当時スカウト部長だった私は度々意見が噛み合わず、イライラしていた時期でもありましたので、期待感と緊張感で待ち受けていたものです。

広岡さんがロッテGMだった2年間の多くは、私と共にスカウト活動で全国を回って選手の発掘に努めてくれました。広岡さんの口癖は「潜在能力のある選手を探せ！後はコーチが鍛えるから！」でした。当時は逆指名などの制度があり、パ・リーグやロッテには名のある選手は来てくれない厳しい時代でしたから、2人共必死でした。

甲子園大会の視察は第一試合から終了までだと、9時間前後を球場で視察する訳です。春の選抜大会では寒暖差が大きく、一方、夏の甲子園大会は暑さとの勝負です。私が気遣うと「この位ではへこたれんよ。」広岡さんらしい強気な言葉が返ってきます。背筋が伸びた毅然とした姿は「さすが広岡さん」と他球団の連中も舌を巻いていました。

「昼はコッペパンで良いよ。」はじめはその意味が呑み込めなかったのですが、後に夕食を美味しく食べる為だったと分かったのです。広岡さんのグルメぶりは有名なのです。広岡さんを伴ってスカウト活動で地方に行くと、必ず「この土地に良い店があるはずだが。」「あそこには確かこんな美味い物があったが。」とか、大変なグルメ通なのです。当時私が住んでいた所から広岡さんの自宅までは30分前後で行けたので、度々自宅にお邪魔していたのですが、「カツオ事件」が起きたのはちょうど銚子でカツオが揚がっている頃でした。

ふるさと銚子の自慢話で「今頃のカツオは最高ですよ。」と言ったとたん、出刃包丁と刺身包丁の2本を持っていると自慢されたので、カツオを箱で送る事にしたのです。ところが数日して広岡さんの奥様から妻へ「幸子さん、大変よ！お風呂に入れなくなってしまったのよ！」と連絡がありました。何と、風呂場でカツオをさばいたとの事で、風呂場一面がカツオだらけになってしまったそうです。

広岡さん夫婦間には大騒動があった事は想像に難くありません。

広岡さんに後日聞いてみると「なに、大した事は無いよ。家内は大げさなんだよ。」とは言ってもこれ以上夫婦のトラブルを起こさせてはいけないと、次回からは刺身にして自宅まで運ぶ事にしたのは言うまでもありません。この騒動の責任の一端は私にもあるのですからね。人には表の顔と裏の顔は当然あるのですが、表の顔が厳しい人だけに私には何とも微笑ましく、親しみを感じさせるカツオ事件でした。

広岡さんとは人生の中でたった2年間をロッテのGMとスカウト部長の間柄の付き合いでした。しかし、寝食を共にした深い付き合いでもありました。ロッテ球団を強くしたい、良い選手を獲りたいといった共通の目標で心を一つにした事がよりお互いの気持ちを深くしていったのです。

広岡さんがロッテを退団する際に「君もここを出てもっと才能を生かした方が良いよ。わしが球団を世話するから。」愛情こもった言葉に従わず、ロッテに残って5年後に、再び広岡さんの勧めで巨人軍に入団したのですが、あの時に他の球団に行っていたら私の人生も変わっていたのかも知れません。

広岡さんは軽い脳梗塞を2度経験しましたが、持ち前の強い精神力で克服し、電話の向こうの声は元気よく、相変わらず日本プロ野球界の話が止まりません。そして、最後には「君と一緒にやったあの頃が懐かしいね。」野球の指導法、選手の見方は勿論、人としての生き方など多くの事を指導して頂きました。今後も球界のみならず、ご意見番として元気で活躍する事を願っています。

15　城之内邦雄さん

巨人軍の「エースのジョー」として一世を風靡した千葉県佐原市出身の城之内邦雄さんには、千葉県の後輩として何かとお世話になりました。やはり千葉県の先輩である長嶋茂雄さんが城之内さんを可愛がったように、私も城之内さんには今もなお変わらぬお付き合いをして頂いています。城さん（いつもの呼び名）は佐原高校出身で、私の恩師である銚商の恩師斉藤一之先生の後輩でもあって、余計に親近感を持ってくれたのです。

金田正一さんがロッテの監督になった年に、既に現役を引退していてブランクのある城さんを選手として呼んだのです。巨人軍時代に２人は一緒にプレーしていた関係もあって、城さんの野球に取り組む姿勢に共感を持ったのでしょう。ブランクを埋める為にそれはがむしゃらに練習をした姿が強烈な印象として残っています。

城さんは現在佐原高校の野球部ＯＢ会長で、時々球場で会う事があります。自分を育ててくれた母校である佐原高校をこよなく愛し、大会前になると東京の自宅から母校まで足を運び、差し入れするそうです。「俺は本当は銚子商業に行きたかったけどよ、どうせ行ってもレギュラーになれないと思ったから止めたんだ。」城さん独特の言い回しは佐原弁でしょうか。朴訥として言葉は飾らず、真面目で一本気、誠実で信頼のおける人です。

ロッテでは選手として結局1年で終わったのですが、2軍投手コーチの後スカウトに転出し、あの落合博満選手を獲得したのも城さんでした。

私がロッテの2軍投手コーチに就任した年に、若手投手を10人程連れて年末から正月にかけてキャンプをした事がありました。そこに城さんがリンゴをいっぱい差し入れしてくれたのです。喜んだのも束の間、「ロッテのスカウトをクビになったよ。」と、いきなりの言葉にはびっくりでした。スカウト部長から突然担当地域以外の仕事を命ぜられたので、予定が入っていると断った事がトラブルの原因との事でした。城さんらしいと言えばそれまでですが、何とも残念な思いをしたものでした。「お前も俺と性格が似ているところがあるから、短気を起こさないように気を付けろよ。」自分の事より私を心配してくれる、そんな人なのです。

私が平成14年に巨人軍に入団した年には、ロッテを退団した城さんは既に巨人軍のスカウトとして活躍していたのです。同じ編成部として再び同じ球団で仕事をする事になったのも何か強い縁を感じました。オフシーズンの球団事務所で「おい木樽、昼飯に行くよ。」声を掛けてくれる先輩は有り難いものです。巨人軍に入団した時、「巨人軍はな、自分の意見を言い過ぎるとダメだぞ。注意してくれよ。」と忠告を頂きました。その時の忠告で63歳までプロ野球界で勤められたのも城さんのお蔭と感謝しています。現在も尚、巨人軍の心配や母校の佐原高校の野球部ＯＢ会長として益々元気に活動しています。我々のゴルフコンペには副会長として参加してくれていて、「この頃よ、ボールが飛ばなくなってよ、嫌になるよ。」佐原弁も益々冴えて来た今日この頃の城さんです。

16　稲尾和久さん

稲尾和久さんは、「鉄腕稲尾」「神様、仏様、稲尾様」と呼ばれた西鉄ライオンズの黄金時代のエースとして活躍しました。西鉄ライオンズには三原脩監督のもと中西太さん、豊田泰光さんなど錚々たるメンバーが居ました。イチローの恩師の仰木彬さんもこの中の一人でした。遠い昔の話で、オールドファンには懐かしい名前です。

私がロッテに入団した頃の稲尾さんは既に選手としては峠を越えていた頃でしたが、マウンド姿にオーラを感じ、特にスライダーのキレはまだ健在で素晴らしく、何とか自分のものにしたい思いで投球を見つめていました。

昭和45年に稲尾さんは32歳の若さで西鉄ライオンズの監督に就任したのですが、「黒い霧事件」で多くの選手を失い、チームは弱体化し、太平洋クラブライオンズとなりました。そして、ロッテオリオンズとの遺恨試合騒動など、更に苦労を重ねたのでした。

稲尾さんがロッテの監督に就任したのが昭和59年で、私が2軍のコーチの頃でした。私にとって稲尾さんが監督に就任してくれた3年間は、投手コーチとして多くの事を教わり、吸収できた事は幸運でした。稲尾さんは私より12歳上で、野村克也さんと同い年です。選手時代の稲尾さんは私にとっては雲の上の存在で気安くしゃべれる方ではなく、すれ違って挨拶する程度で偉大過ぎて近寄りがたい人でした。しかし、ロッテの監督と2軍投手コーチの立場で接したとき、今までの印象がウソのようで、誰よりも人懐こく細い目の奥は優しさでいっぱいでした。稲尾さんが中日ドラゴンズの投手コーチ時代に可愛がっていた、銚商出身の土屋正勝君をロッテに連れてきてくれて、お礼を言った事もありました。

稲尾さんのもう一つの顔は「日本航空親善棒球隊」の監督です。ロッテの監督在任中の昭和59年のオフに、「樽よ、中国に野球を教えに一緒に行かないか？」好奇心旺盛な私は二つ返事で了承したものです。中国の福建省の厦門（アモイ）にある福建大学の学生との国際親善野球試合に同行したのです。この棒球隊のチームは日本航空の機長、副操縦士など野球好きが集まって結成されたいわば草野球チームなのです。日本航空の機長達が中心なので当然往復はファーストクラスで、酒好きの稲尾さんやクルーたち、私も含めて席に付いたと同時に酒盛りの始まりです。

中国を旅するうちに、飾らない稲尾さんの人となりに益々傾倒していったのは自然の成り行きでした。当時の中国はまだ野球はあまり普及していなく、野球道具不足の為、ロッテの選手が使ったスパイク、靴、ボール、グラブなど集め、段ボールに何箱も持って行ったのが昨日のことのように思い出されます。

最近、日本航空の棒球団の若いメンバーだった一人と偶然に成田のホテルで再会したのです。「失礼ですが木樽さんですか?」既に35年以上も経っていて白髪にひげを蓄えて、いかにも機長然とした風貌で私の前に表れたのです。会話を重ねるうちにあの頃の姿が徐々に蘇って来たのでした。「銚子に居るので美味い魚を食べに来なさいよ。」「はい。有難うございます。銚子の上空はいつも飛んでいます。」別れを惜しみつつ名刺を交換し再会を誓ったのでした。

平成19年に私が巨人の編成調査室に居た時のことです。沖縄キャンプの視察で那覇空港で稲尾さんにお会いしました。沖縄とはいえ2月に半袖のポロシャツでセーターを肩にかけて空港に現れ、「お元気ですね。ご無沙汰しています。ゴルフをしていますか?」と尋ねると、いつものように細い目でにこにこして「お前も元気のようだな。巨人は良いだろう。」ひとしきり立ち話をして、別れた9か月後に訃報が届こうとは。その時が稲尾さんとの最後の会話になってしまいました。そう言えばロッテ監督時代に「医者から酒を控えるようにと言われているんだが…。」と言っていた言葉が耳に強く残っています。まだ70歳の若さでさぞ心残りだったでしょう。これからも稲尾さんとの思い出を大事にしたいと思います。

昭和59年(1984)ロッテ稲尾和久監督と

17　落合博満さん

日本のプロ野球界で三冠王を獲得した人は今まで7名ですが、落合博満は三冠王を3度も獲得していて、プロ野球界の最高峰の選手と私は評価しています。アマ時代の経歴を見ると紆余曲折があって、ようやく辿り着いたプロ野球チームがロッテオリオンズでした。落合を評価した人が誰であろうロッテの担当スカウトだった元巨人のエース、城之内邦雄さんでした。

昭和53年のドラフト3位で25歳の入団ですから、当時のドラフト年齢からすると遅い入団になり、即戦力での評価であった事が分かります。しかし、当時の山内一弘監督のバッティング理論と合わずに苦労した期間があったのでした。

私とは2軍のコーチと選手との関係で頻繁に顔を合わせる程ではなかったのですが、落合は他人に媚びず、信念を持っている男です。そんな姿勢に共感を持ったのは確かでした。他人との付き合いはあまりうまくないようですが、俗に言うプロ向きの性格なのです。落合がグラウンド以外で練習している姿を見た人はほとんど居ないので、チーム内でも伝説になっていた程です。キャンプでは夜間練習などで多くの選手を見かけても落合の姿は見られず、人知れず黙々と一人部屋で素振りを繰り返していたのでしょう。手の平を見ると分厚いタコが盛り上がっていましたから。天才だからといって何もせずに良い結果が出る筈もなく、あの長嶋さん、王さんなど多くのスーパースターでさえ、泥まみれ、血まみれになってその地位を築いていったのです。

興味があるので落合に会うと必ずバッティングについて話をします。私とはなぜか馬が合い、無口で人を寄せ付けない印象の落合がいろいろ質問すると答えてくれます。バッティング練習では、ピッチャーに山なりの緩いボールを投げさせ、それをライト方面に打ち返して決して引っ張る事はしません。技術的に言うと、ピッチャーもバッターも「体が開かず」に投げ、打てるかで良い選手か悪い選手かが決まるのです。いまいちのバッターに多く見られるのが、練習で大きな当たりやスタンドに打って得意げになっているところです。そんな選手は試合では打てないでしょう。落合はそこをしっかり見据えているのです。

私が巨人の編成時代に中日の沖縄キャンプを訪問すると、落合監督は「よく来てくれましたね！」と大歓迎してくれ、ひとしきりロッテ時代を懐かしんだものです。他球団の編成仲間からは「木樽さんには全然態度が違いますね。」と羨ましがられる程でした。

私がＪＦＥ東日本のヘッドコーチに就任した時、徹底した右打ちをさせたのは落合の打撃理論に共感しただけではなく、投手の立場から見ても引っ張る打者は怖くなく、開かずにセンターから反対方向に打ってくる選手は嫌だからなのです。ＪＦＥ東日本の選手は当初戸惑いもあって不満を唱えましたが我慢比べでした。次第に打ち方が分かるようになると当然打率や得点能力が増してくる訳で、春先のスポニチ大会に優勝し、都市対抗野球では３位となってその成果が表明されたのでした。

私は小・中学生、高校生の野球の指導や指導者からの相談に乗っていますが、投手部門だけでなく打撃、走塁、トレーニング、医療関係全てに対して常に勉強しています。幸いプロ野球12球団には友人が多くいて情報も入って来ます。指導者や子供達に適切なアドバイスをする為には、私自身が勉強し成長しなくてはならないと思っています。天才バッター落合博満の打撃理論も指導の参考になっています。

18　小山正明さん

私が東京オリオンズに銚商から入団し、不安だらけの中、何かと声を掛けてくれたのが当時プレーイングコーチだった小山正明さんでした。阪神タイガースのエースだった小山正明さんと大毎オリオンズの4番打者の山内一弘さんとの「世紀の大トレード」と当時世間を驚かせましたが、私にとっては結果的に幸運で後の私の野球人生を大きく左右する事となったのです。

私より13歳年上で、１８３㎝の長身で足が長く、スラっとしていて格好良い憧れの人でした。私が入団した年に小山さんは20勝もし、通算では３２０勝を挙げたプロ野球界の偉大な選手でした。当時の32歳は年齢的に大ベテランの域で、雲の上の存在でした。

当時の小山さんはプレーイングコーチとして選手でありながらコーチの肩書も持ち、アドバイスをしてくれました。常に出る言葉は「暇があったら走れ。」と「ワシのピッチングを見て参考にしなさい。」で具体的なアドバイスは無いのですが、素晴らしい生きたお手本が目の前に居るのですから言葉などいらないのです。

少しでもなにか盗もうと、目を皿のようにしてピッチングを見ていたものです。実際見て覚えるのが一番身に付くものなのです。投球フォームを真似しても当然ながら中々上手く行きません。小山さんの特徴は「針の穴を通すコントロール」と言われていて、どこに力が入っているか分からないフォームで、力強いボールが正確にミットに吸い込まれていきます。球速は力ではない事や、コントロールはバランスである事を教わったのです。

また、「マウンドでは常に冷静でいて、打たれても顔に出したらアカン。」と教えてくれていた小山さんが、ある試合に先発して打たれた事がありました。「審判にカッカするとこうなるんや。」自戒も込めて身を持って教えてくれたのです。

私が3年目に1年間腰痛の治療に専念する羽目になった時、投手としての再起が危ぶまれ打者転向説が囁かれたのでした。新聞記者からその話を聞いてショックを受けたのですが、小山さんが「木樽は投手の才能がある。」と言って球団に打者転向を断念させてくれたのは後で知った事でした。また、打たれた時などは「打たれる事などよくある事や。つぎ頑張れば良いんや。」この言葉にどれだけ救われ、勇気をもらったか知れません。オールスター戦になると小山さんが「3正明集合！」と声を掛けて、小山正明、池永正明（西鉄ライオンズのエース）、そして木樽正明が集まっては互いに今季の活躍を誓ったものでした。

10年程前に懐かしい小山さんに久しぶりに会ったのがグリーンスタジアム神戸球場（現：ほっともっ

とフィールド神戸）でした。巨人軍の編成調査室の肩書で記者席で挨拶をしたのですが、相変わらずダンディーで格好良くて今でも憧れの人です。入団当時から現在も尚、交流は続いていて達筆な年賀状を頂いています。小山さんも既に85歳を過ぎますが、好きなゴルフと釣りを楽しんで長生きして欲しいものです。「ワシの姿を見て参考にしなさい。」と人生のアドバイスが聞こえて来るようです。

19　所　憲佐《けんすけ》さん

子供の頃から憧れたプロ野球に夢叶って入団しても、活躍出来る人、出来ないで若くして退団に追い込まれる人など様々です。選手を終えてもバッティング投手、ブルペン捕手など、いわば裏方の仕事や背広組と言われるフロントの営業関係や、スカウトなど球界に残れる人はごく僅かですが、その中でキャッチャー出身者が多いのが印象的です。

私は投手として多くのキャッチャーと係わってきましたが、銚商時代では今は亡き、波崎一中出身の加瀬輝夫君でした。キャッチャーは女房役として投手の力をうまく引き出すのが使命ですが、それにはお互いの信頼関係がなくてはなりません。私にとって加瀬君は最も信頼していた同級生の一人で、お蔭で甲子園にも出場出来、投手として成長させてもらったと感謝しています。

プロ野球で一番印象深いのが入団1年目の捕手で9歳上の早実ＯＢの醍醐猛男さんでした。相手打者の研究もしているのでサイン通りに投げていましたが、ある打者の時、サインに首を振って投げたところ打たれてしまい、マウンドまで来て強烈に怒られた事がありました。

キャッチャーにはそれぞれのタイプがありますが、良いキャッチャーに共通しているところは「包容力」がある事でしょう。暴れ馬の様な我儘な投手をなだめすかしながら如何に力を出させるかなのです。

巨人軍の終身名誉会長の長嶋茂雄さんが体調を崩しファンを心配させましたが、お元気そうな姿が見られるようになりました。長嶋さんのそばにいつも付き添っている白髪で短髪の眼鏡をかけている人物が、今回の主役の所憲佐君です。兵庫県の高校からキャッチャーとして巨人にドラフト13位で入団し、引退後はブルペン捕手やサブマネジャーなど裏方で活躍したのですが、何と言っても、巨人軍時代の長嶋茂雄監督、王貞治監督２人の運転手を務めたくらいですから、よほど人間的に信頼されたという事です。

昭和45年のロッテ対巨人の日本シリーズの時には、私はまだ所君のことは知らず、平成14年に私がロッテから巨人軍に入団した時に初めて知り合いました。私とは4歳違いで、入団当時から馬が合って、「兄貴」と慕ってくれていて、可愛い弟分として付き合ってきています。選手として1軍での経験は無いものの、性格的に誰からも好かれるタイプで長嶋さんや王さんのものまねをしては事務所中を明るくさせていた人気者です。

平成16年に長嶋さんが脳梗塞で倒れてから、今日までずっとそばでサポートしていて、最近は夫婦で長嶋さんを看ていると言っていましたが、これも長い間の長嶋さんと所君との信頼関係がなせる事でしょう。銚子スポーツタウンのオープニングイベントに長嶋さんの出席をお願いしようと、小倉社長、滝田支配人（当時）と共に佐倉市の長嶋茂雄記念岩名球場でお会いできたのも、所君の計らいで実現できたものです。残念ながら出席は実現出来ませんでしたが、長嶋さんの優しさは我々3人に伝わり感激でした。また、所君の変わらぬ友情も私の胸にしっかり届きました。今後とも球界の宝、いや日本の宝である長嶋さんを全力でサポートして欲しいと願っています。

20　山田久志さん

平成16年に近鉄バファローズとオリックスブルーウェーブの合併問題に端を発して、オリックスバファローズとなり、新たに東北楽天ゴールデンイーグルスが仙台を本拠地として誕生しました。昭和63年には南海ホークスがダイエーに身売りしていて、福岡ダイエーホークスとして再出発しています。近畿地方には、上記の3球団と阪神タイガースの4球団あったのが、現在は2球団になってしまい、地元の人々は寂しい思いをしている事でしょう。

昭和46年、当時の阪急ブレーブスは西本幸雄監督が黄金時代を築き上げる頃で、福本、加藤、長池、スペンサーなど強力メンバーが揃っていました。選手個々が自分の特徴を生かして、相手が嫌がる野球をしていた印象があります。

この阪急ブレーブスのホームグランドの西宮球場は、昭和38年の第45回夏の甲子園大会で、私が柳井商と1回戦で戦った球場です。記念大会で出場校が多かった為に、この球場を使用したのです。私は1年生で出場していて、甲子園初ヒットはここ西宮球場で、思い出の一杯詰まった球場です。

阪急ブレーブスの山田久志投手は社会人野球からプロ入りして、私より1歳年下で阪急のエースとしてチームの中心的な存在でした。通算で２８４勝を挙げ、サブマリン（下手投げ）最強の投手と言われていました。本来下手投げ投手は技巧派がほとんどですが、山田は球速があり、浮き上がってくる直球に他球団の打者も対処出来なかったようです。人間的にも紳士で素晴らしく尊敬出来る野球人です。

昭和46年のシーズン終盤、お互いが最多勝と最高勝率のタイトルの掛かった試合で、お互いチームのエースとしてプライドをかけて、西宮球場で投げ合いました。最多勝利は勝利の数が多ければ負け数は関係無いのですが、最高勝率は勝利数はもとより負け数が如何に少ないかで決まります。直接対決で勝つと負けるとでは勝率に大きく影響するのです。当然お互い意識しながらの投球でした。０－0のまま7回の表のロッテの攻撃で、無死満塁のチャンスで私に打順が回ってきました。私も必死なら山田も必死の投球です。私はいつもよりバットを短めに持ち、初球から積極的に振っていったものの、アンダースローからのボールとは思えない球速で3回振って全て空振りの三振でした。後続も抑えられて、結局この試合は完封負けとなり、最高勝率を逃した悔やまれる試合でした。

シーズンが終わってみれば山田は勝率7割8分6厘で私は7割5分でしたが、山田は22勝で私は24勝を挙げ、最多勝利のタイトルは獲得する事ができたのです。

同年代の選手達には優秀な選手が大勢います。ライバルとして投げ合う時、また、打者として対戦する時は、絶対負けたくないという、特別な感情が湧き出て来るのは相手選手も同様のはず。振り返るとお互いがライバルとしてその負けじ魂があったからこそ頑張れたのだと思います。戦いが終わった今は素晴らしい友人達です。そして、多くのライバルに感謝です。

21　堀内恒夫さん

私が生まれた頃は第一次ベビーブームで、全国に子供があふれていた時代でした。1クラス50人以上でも教室が足らずに特別教室を使っていました。私が銚商に入学した年の1年時の教室は家庭科室で、黒板の前には水道の蛇口が横にズラーっと並んでいて、とにかく顔も名前も分からない同級生が大勢居た時代だったのです。

プロ野球界でもその年に誕生した優秀な選手が数多く居ます。名球会のメンバーでも一番多く、その中の1人が今回の主人公の堀内恒夫君です。堀内君は甲府商業高校出身で同じく昭和41年にプロ野球入りしていますから同期生になります。初めて会ったのが新入団の年の3月の後楽園球場で、オープン戦の前のベースボールマガジン社の取材でした。何と言っても強烈に印象に残っているのは、昭和45年の巨人との日本シリーズの第1戦で先発投手として投げ合った事でしょう。入団5年目で堀内君は既に巨人のエースに成長していて、立派になっていました。リーグが違うとはいえ同期生として常に意識している良きライバルです。

私は巨人軍で編成調査室に所属していましたので、春の各球団のキャンプ地を訪問し、監督、コーチなどに会ってトレードやＦＡ選手の情報を収集していました。自軍である巨人のキャンプ地にも監督、コーチの意見を聞きに行きます。堀内君は平成16年から2年間原辰徳の後を引き継いで監督になりました。宮崎キャンプに原田編成調査室長と共に訪れた時、堀内君の提案で同い年の３人でホテルで夕食をする事になったのです。「木樽よ、本当はお前が巨人に指名されるところだったんだよ。」いきなり堀内君の言葉です。当時の巨人の沢田スカウト部長の話で「木樽は肘に故障を持っている事が分かったので、君を指名する事になった。」と言われたそうです。そう言われて記憶をたどると、岐阜国体で肘を痛め岡山東商戦で投球を回避した事がありました。しかし、その後の準決勝の三池工、決勝の岐阜短大付属では先発完投しているので、そんな噂が流れる事はないはずだが。そう思いつつも、これも運命とでも言うのでしょうか。

酒好きの３人が集まり新しい焼酎のカメを空け、部屋は豪華な料理が盛沢山並び、堀内君の歓迎ぶりが分かります。しかし、当の堀内君の前には小皿にピーナッツが少し盛ってあるだけです。「俺はこれがあれば良いんだ。」これは本物の酒飲みだ。「それでは体を壊してしまうぞ。」と忠告しても聞くものではありません。私は父から「お前は酒飲みの息子だから大人になったら酒を飲むだろうが、飲んでもしっかりつまみも食べるんだぞ。そしたら体を壊さないから。」と言われたのを思い出して言ったのですが。

そんな時、堀内君のグラスを握る右中指が目に入ったのです。堀内君は独特の縦に大きく落ちるカーブが武器でしたが、人差し指側に中指が少し湾曲しているのを発見したのです。あのカーブを生み出したのはこの湾曲した中指だったのだと。本人に言うと「ボールの引っかかりが良いから良く曲がるよ。」私の中指は逆で薬指側に少し湾曲していて、シュートボールが得意なのはこの為だろうと、しみじみお互いに手を見つめ合ったものです。お互い酒を飲んでも飲まれず、体を大切にしようと誓い合った良い時間でした。

入団当初、後楽園球場にて堀内恒夫さんと

22　野村克也さん

投手にとってキャッチャーは「女房役」と野球界では言われていて、うまく投手の力を引き出すのが良いキャッチャーと評価されています。その条件としてインサイドワーク（リードや配球）、構え方や捕球のうまさ、お互いの信頼関係、投手の性格を把握し、総じて包容力があるかどうかに関わって来るでしょう。野球を知り、相手の打者をも知って、勿論人間的にもチームから信頼されるキャッチャーであれば、文句なしのキャッチャーと言えるでしょう。そんな優秀なキャッチャーの居るチームは強いと野球界では言われています。

試合が始まれば監督代行として投手をリードし、野手の守備位置を打者やランナーによって動かしチームを牽引します。勝利へと結び付けて行くのですから、当然野球を知らないと出来ないポジションなのです。野球には９つのポジションがありますが、その中で投手と共にキャッチャーが如何に重要なポジションかと言う事です。

昭和46年にドラフト外で東映フライヤーズに入団した江本孟紀という投手が居ました。阪神時代に「監督がアホやから野球が出来へん！」と言って引退し、後に政治家になったあの人です。法政大学を経て社会人野球から入団し活躍した、私と同い年の選手です。入団1年目に0勝4敗だった江本は、その1年目のオフシーズンに南海ホークスにトレードされました。そして、移籍した翌年に16勝を挙げ、チームのエースにまで成長したのです。そうです。南海ホークスには素晴らしいキャッチャーが居たからです。江本だけではなく多くの選手を戦力として再生させた事で、「野村再生工場」とまで呼ばれる程選手の操縦が巧みな人、野村克也さんその人なのです。

私がオールスター戦で王貞治さんと対戦した時の事でした。キャッチャーの野村さんは王さんの打席では全てスライダーを要求してきました。おそらく、王さんの攻め方を研究していると同時に、私のスライダーをもマスク越しに研究していたのだろうと思います。このような極端な攻め方はオールスター戦しか出来ないでしょう。それにしても野村さんはどっしりしていて投げやすく安心感がある構えでした。

野村さんは私より12歳年上で、私にとって入団当時から雲の上の存在でした。私が入団した前年の昭和40年には三冠王を獲得し、プロ球界の大打者として君臨していてまさに絶頂期の頃でした。気安く話しの出来る相手ではないのですが、何年かしてある試合前にウォームアップで走っている野村さんの姿を見た事が無かったので、不思議に思い「ノムさん（通称）、走らないんですか？」と聞くと、答えは「走ると疲れるから走らん。」でした。大きなけがもなく26年間もプロ野球で君臨出来たのですから、稀代の野球人だったという事でしょう。

私が入団して4年目の南海との開幕戦でした。同点で迎えた延長12回、私に打席が回ってきたのです。そこで、サヨナラホームランを打ったのでした。それからと言うものは打席に立つたびに「打者になった方がええで。選手として長持ちはするし活躍出来るで。」野村さん得意のマスク越しの囁き戦術です。そして「木樽よ、お前のシュートで怪我でもさせてみぃ。大変な事になるで。ワシはスターなんやからな。」そうです。「お前のシュートボールは苦手や。」と白状しているようなものです。打者転向を進めた裏にはそんな思惑もあったのでしょうか。

ロッテのスカウト部長時代に神宮球場で野村さんと会った時、「木樽よ、明治大学に良いキャッチャーが居るで、獲ったらどうや。」当時、明治大に居た息子の克則君を売り込んでいるのです。茫洋としていて実は内面は非常に繊細で頭の良い人で不思議な人です。しかし、野球の研究、知識は№1で「ＩＤ野球」を確立させた功労者でもあります。大先輩、大打者に挑んでは跳ね返され、更に挑んで鍛えられて成長していった私でした。

23　醍醐猛男さん

私が兄貴と慕っていた醍醐猛男さんが令和元年12月11日の０時42分に亡くなりました。金田正一さんに続いての思い入れの深い方の死です。

人は多くの人々と関わり影響を受けて成長するものです。物心が付いた頃に自然と野球をはじめ、明神小学校では高根茂夫先生に、銚子一中では斉藤一之、土屋正男先生に指導を受け、更に銚商でも斉藤先生、コーチの篠原保さんにも多くの指導受けました。当時の銚子の風土は野球一色で誰もが野球をやっていて、野球仲間や先輩、後輩達にも多くの影響を受けたのは確かです。そんな私がやがてプロ野球に進んで更に多くの先輩方の中に入ってもまれ、もがきながら更に成長する事ができました。私が入団当時の東京オリオンズのエースキャッチャーである醍醐猛男さんも私を成長させてくれた一人です。19歳で入団した頃には既に28歳でキャッチャーとして心身共に充実していて、右も左も分からない私にとって「サイン通りに投げていれば間違いない。」そんな信頼の思いでただミットめがけて無心に投げていたものです。頼れる兄貴として尊敬の思いで投げていたのです。

数年が経つと少し周りが見えるようになり、少しばかり自信が付いてきて生意気にもサインに首を振るようになるのです。ある試合に先発して醍醐さんのサインに首を振り、尚も醍醐さんは同じサインを出したのにも首を振って、自分の思っているボールを投げて打たれた事がありました。投手が首を振る事はいけない事ではありませんが、打たれたら最終的には自分が責任を持たなければならない訳です。しかし、2度も強く同じサインを出すには何かしらの裏付けがあっての事だったのですが、それを無視して打たれたのです。

マスク越しの目は怒りに燃えていて、マウンド上で「馬鹿野郎!だから言ったじゃねえか!」東京生まれの東京育ちで、関西人の多いプロ野球界では「べらんめえ言葉」は珍しく、一喝された私は思わず「すいません。」と、謝るしかなかったのです。

昭和48年、金田正一さんがロッテの監督になると醍醐さんはバッテリーコーチとなり、更に私との関係は深くなっていったのです。既に私の腰はダメージを増し、まともに顔を洗う事もままならない程で野球を続けていけるか不安だったのです。引退も視野に入れて会社側と話し合い、金田監督には説得され契約する事になったのですが、腰痛は解消されません。正直「走れ走れ」の金田式練習は腰痛には大敵で、痛みを訴えても聞き入れるものではなく、確執があった金田さんとの間に入って醍醐さんには苦労を掛けたのです。私がある試合に先発してKOされた時、ホテルの部屋まで来てなだめてくれた事もありました。

お互いにプロ野球界から引退してからも交際は続いて、特にロッテ球団にOB会が無かった事から醍醐さんを中心に立ち上げに協力し、共に球団社長と交渉してOB会を発足させました。会長に金田正一さん、副会長に醍醐猛男さん、八木澤荘六さんでした。そのうち2人が相次いで亡くなったのはOB会としても悲しい出来事でした。

24　谷沢健一さん

千葉県の高校野球のメイン球場である千葉県野球場（天台球場）は昭和43年の完成で、それまで使用していた千葉寺球場の老朽化の為、新たに国道16号沿いに出来ました。この天台球場のこけら落としで、オープン戦をしたことを覚えています。真新しい球場で、今までの千葉寺球場と比較にならない程立派なものでした。しかし、私にとって何と言っても思い入れの深いのが千葉寺球場の方で、銚商3年間の青春を賭けた球場です。現在は県立青葉の森公園になっていますが、50年以上経った今でもあの県代表を争った習志野高戦が最大の戦いでした。

選抜甲子園出場を密かに狙っていた秋季大会は市立銚子高に負け、続いての春季大会では習志野高に負け更に屈辱を味わったのです。長い間野球をやってきて、これ程の悔しさを味わった事はありません。特に春季大会の習志野高戦で3番打者の谷沢健一に高校時代で唯一のホームランを打たれて0―1で負けたのですから。今でもあの1球の感触が指先に残っています。

社会人の先輩から教わったスライダーを、新しい球種として自分のものにしたいという思いから、練習を重ね、初めて投げた1球を谷沢にホームランされたのです。ショックは大きく、それ以後高校野球が終わるまでスライダーを投げずに通した程でした。

甲子園に出場するには習志野に勝たなくてはいけない。否、谷沢を抑えなくては甲子園には行けない。どうすれば谷沢を抑えられるか自問自答しながら練習メニューを練り、今まで以上の練習をしないと勝てないという結論に至ったのでした。特にエースとして4番打者としてチームを引っ張っていかなくてはならない立場では、学校での練習量だけでは足らず、登校前に自宅から犬吠埼往復のランニングでランニング不足を補い、すべてを一人で投げ抜く覚悟で投げ込みを繰り返したのでした。「打倒習志野」をチームの合言葉とし、私は「打倒谷沢」を胸に、連日練習に試合に明け暮れた日々でした。勿論、高校生ですからその本文を全うしての話ですので、誤解がありませんように。

夏の甲子園をかけた千葉県代表戦では習志野と戦い、谷沢を4打数0安打で完全に抑えて5―0で勝利したものの、立ち上がれない程疲労困憊した試合は、プロ野球生活を含めてもこの習志野戦以外にはありません。心身ともに全て出し切った感がありました。その後の東関東大会は土浦三高に、決勝では日立一高に勝って甲子園出場を決めたのでした。負けた悔しさが強ければ強い程、努力し自分を成長させてくれるものなのです。（＊注２）

その後、谷沢は早稲田大に進みドラフト1位で中日ドラゴンズに入団し、２０００本安打を達成した偉大な打者となりました。私との対戦はプロ野球に移り、オールスター戦や昭和49年のロッテ対中日の日本シリーズでも対戦しています。

平成19年、千葉ロッテマリーンズと中日ドラゴンズとの交流戦の開幕戦で、私と谷沢とで始球式をした事がありました。通常の始球式では打者は空振りをするのですが、「俺のボールを打てよ。」と谷沢に提案したら、「本当に打って良いのか？」となり、本番では打ち合わせ通り打ち、びっくりしたサードの今江選手がトンネルして球場内は大歓声に包まれ、楽しい時間を共有する事が出来ました。

高校時代からの素晴らしいライバルは私を成長させてくれました。谷沢が居たから頑張れた。あの頃がプロ野球時代を含めても一番練習をした時代でした。

（＊注２）昭和40年の全国高等学校野球選手権の地方予選大会は、千葉県予選と茨城県予選を勝ち抜いた２校ずつが東関東大会に出場し、勝ち抜いた１校のみが甲子園に出場することができた。

25　江藤慎一さん

昔のプロ野球選手には豪傑人、野武士が多く、若手の我々も何かにつけ大いに影響を受けたものでした。そもそもプロ野球と言う世界がそのような人達の集まるところだったようです。しかし、時代が下るに従い次第に世の中が変化し、特殊な世界であったプロ野球界も徐々に世間並みになってきてしまいました。昔は問題にならなかった事も、今ではマスコミに取り上げられるようになると、球団も敏感になって選手を管理するようになってきたのです。私はその時代の狭間に生きたプロ野球人だったのかも知れません。

昭和45年のシーズン途中に江藤慎一さんが中日からトレードでロッテに移籍してきたのです。当時の中日ドラゴンズの水原監督との確執があり、中日の主力打者であったにも関わらず放出されたのでした。ロッテは濃人渉監督で、江藤さんとは社会人野球の日鉄二瀬で監督と選手の間柄もあって受け入れたのが真相でした。昔のトレードは現在と違って球団や監督が選手が気に食わないと外に出す傾向があって、どこか暗いイメージが付きものだったのです。

江藤さんの加入は投手陣にとって「力強い見方が来た！」との思いでした。しかし、数々の武勇伝を持った人で気性は荒く怖い印象もあり、若い私にとって興味半分恐れ半分だったのが本心でした。マネージャーから「樽、お前の隣のロッカーに江藤が来るから掃除しておけ。」これは大変な事になったと身構えたのは当然でしょう。私の左隣りは八木澤荘六さんで「江藤さんはお前に任すからな。」と、さっさと逃げの態勢です。

試合前のロッカーに割れ鐘のように響き渡る声がしました。「皆さん江藤です！宜しくお願いします！」「おお！小山先輩！お世話になります！」ひとしきりあちこちに挨拶を終え、ようやくロッカー前に来た時「木樽です！宜しくお願いします！」直立不動の自分が居ました。「木樽君か！活躍は良く知っているよ。江藤です。面倒かけますが宜しく！」丁重に優しく挨拶され拍子抜けした思いでした。聞くと見るとは大違いで、「いかつい顔で優しい」「豪快で繊細」「一本気で正義感溢れる」そんな素晴らしい人と巡り合えたと、私の評価も日ごとに変わっていったのです。

江藤さんは闘志あふれるプレーで人気があったのですが、守備では打撃のようにはいかず、ファーストへの平凡なゴロに手を挙げて「ＯＫ！ＯＫ！」安心も束の間、片膝付いた自分のつま先にボールを当ててエラーする始末。「すまん、すまん。バットで必ず返すからな！」そんな事が何度かあっても憎めない愛すべき人でした。また、ランナーで滑り込めば次の日には尻が真っ青に内出血している始末。しかし、プロ野球界で初めて両リーグ首位打者を獲得したスーパースターなのです。

試合前のロッカーでは皆思い思いに過ごす訳ですが、江藤さんはというと、裸で腰にバスタオルを巻き、どんぶりを片手に豪快に何かを飲んでいる姿が印象的です。中身が何とビールだったのにはびっくりでした。

プロ野球を退団後、江藤さんは伊豆の天城に拠点を置いて天城ベースボールクラブを立ち上げました。やがてヤオハンジャパン硬式野球部となり、社会人野球の都市対抗にも出場するチームを作り上げた程で、プロ野球界にも選手を3人送り込んでいます。

私がロッテのスカウト部長時代に「投手を見てくれないか？」と連絡をもらい、泊まりがけで何度足を運んだ事でしょうか。伊豆の山中という厳しい環境で若者を集め、江藤さんの野球を愛する気持ちが充分理解出来るだけに、行かない訳にはいきません。

10歳上の江藤さんとはロッテで3年間の付き合いでしたが、どこか馬が合って可愛がって頂きました。全力で突っ走った人生。豪快であって優しい人。平成20年没、享年70歳でした。惜しい方をなくしました。今、伊豆天城の高台の静かなお寺に眠っています。

第4章　ふるさと銚子を想う

賞状を受け取る小学生時代の木樽

1　銚商野球部と斉藤一之監督

私が子供の頃は「銚子一中が強いと銚商が強い。」と言われていた時代がありました。銚商は私が入学するまで3度甲子園出場を果たしていました。中心選手は銚子一中出身が多かったので、そのような伝説が生まれたのでしょう。その多くの教え子を銚商に送り込み、その伝説を生んだ人、その人が斉藤一之先生です。

私は明神小学校時代から銚子一中の先輩が銚商で活躍している勇姿に憧れて野球を始めました。明神小と銚子一中は今でも隣り合わせですが、当然厳しい練習は嫌がうえにも目に、また、耳にも入って来ます。斉藤先生や上級生からの「愛のむち」は当たり前で、相当の覚悟を持たないと耐えられないと、心に決めて進学しました。

斉藤一之先生は佐原市の出身で、佐原高校から中央大学に進み、銚子一中に赴任しました。やがて銚子一中を強豪校に仕立て上げ、その指導力を買われて銚子商業の監督に迎い入れられたのです。斉藤先生は高校の資格が無かった為に、通信教育で資格を取得して、その期待に応えたのでした。

私は中学2年まで斉藤先生の指導を受け、斉藤先生に遅れる事1年、当然のように後を追って銚商に進学したのです。この進学にもエピソードがあり、後で知った事なのですが、斉藤先生が私の実家に来て、「甲子園に行く為には絶対に正明君が必要なんです。私に預けて下さい。」と、私の父親に訴えたそうです。酒好きの父親は、からかい半分に「1週間ワシに酒の飲み比べで勝ったら、倅を銚商に行かせよう。」と約束したらしいのです。斉藤先生は本当に1週間通って、いつも夜遅く帰っていったとの事でした。本当のところは、２人共酒好きでしたから、父は先生と腹を割って酒が飲みたかったのでしょう。私も父もとうに銚商で先生のもとに行くと決めていたのですから。

斉藤先生は銚商の監督就任2年目で初の甲子園出場を果たしたのでした。その後、銚商は合わせて16回の春夏甲子園出場する事になる訳ですから、斉藤先生が正しく銚商の伝統を築いたのは間違いありません。その手腕たるや誰も異論は無いでしょう。

斉藤監督の一貫した考え方は、投手を含めた守りを重視した野球でした。銚商の野球は俗に「黒潮打線」と言われていますが、練習では守りと打球判断、走塁に時間をかけました。その守りを徹底的に鍛えてくれた人が、鬼の篠原保コーチでした。当時は職安に勤めていて、バイクで通っていました。あのバイクの音とスパイクケースを持ってグランドに来る姿を見ると、皆全身の力が抜ける思いでした。厳しい強化練習、守備練習は常に限界との戦いで、容赦のない練習でした。今思うと、甲子園出場も篠原さんの負う所も大きかったと感謝しています。また、私の野球人生においても篠原さんに鍛えられた練習が基礎になっているのも確かです。

2　予選での死球

銚子一中から銚商に入って直ぐに私はサードに抜擢されたのです。しかし、春の大会が銚子市営球場であり、そこで千葉商高との試合でエラーをして、直ちにファーストに回されてしまいました。皆さんはサードとファーストとではどちらが難しいと思いますか。私の経験ではファーストの方がずっと難しいと思います。なぜなら、サードは自分の所の打球だけさばけば良いのですが、ファーストは自分の打球と全ての内野手の送球をさばかなくてはなりません。送球は様々な回転で来ますので捕りにくい。だからファーストミットは大きく出来ているんですね。

当時は2年生の勝浦完さんがエースで、2番手に田中達彦さん（現：吉川さん）、私は3番手の投手でした。1年夏の千葉県予選でした。その日、私は6番を打っていたのですが、打席でデットボールを右肩に受けてしまったんです。痛い事は痛いのですが、上級生の前で「痛い」と言ったら大変ですから我慢をしました。しかし、あまりの痛さに交代してもらったのでした。

試合が終わってから近くの千葉大学病院で診てもらったのですが、レントゲンも撮らず腕を回されて、「どうだ？痛いか？これは？」とかなんとか言って、「これは打撲だ。湿布しなさい。」で終わったのです。私はその後の試合に出続けて、大会は先輩方の活躍で優勝し、甲子園出場を果たしたのでした。昭和38年の45回大会です。

甲子園出場を決め銚子に帰ってからも痛みは引かない為に、駅前の内田病院で右肩を診てもらったところ、複雑骨折が判明したんです。しかし、数日で慌ただしく甲子園に出発です。病院からの「ギブスを。」の話はやんわり断りました。自分には内心試合に出る為の計算があったからです。病院の先生には絶対内緒にと約束したのですが、すぐに斉藤先生の知るところとなってしまいました。そして、斉藤先生と試合に出られるか出られないかの話をしないまま、出発の日になってしまったのでした。

3　初めての甲子園の苦い思い出

銚子駅では盛大に壮行会が開かれ、大勢に見送られて準急（現在の特急）に乗り込み、東京駅でも東京周辺から大勢の銚商ＯＢ会の方々が詰めかけ、熱烈な歓迎と見送りを受けて寝台列車に乗り込んだのです。下級生の私は当然上段のベッドへ。私はノックバットとマスコットバットの係で、５、６本入っていたでしょうか。自分の荷物とバットケースを列車の屋根裏に押し込んで車中の人に。

翌日グラウンドで初めての練習で、列車に置き忘れた事に気が付いたのです。例のバットケースです。思わず全身から血の気が引きました。今頃は終着駅か。その後、ケースは戻ったのかどうかは知りません。

難題はまだありました。そうです。右肩の複雑骨折で試合に出られるか出られないかの話し合いです。「木樽はまだ1年生だし、場所が肩だから無理させては将来の為に良くない。試合には出さない方が良い。」の考えが斉藤先生や学校関係、そしてＯＢ会長、後援会長の一致した意見でした。その席に呼ばれたのが父親と私で、皆さんの意見を聞いた後で、父親が「戦力として必要としなければ出場させなくても良いですが、必要であれば使ってやって下さい。倅の責任はすべてワシが持ちます。」と、2人して必死で皆さんに深々と頭を下げ、やっと出場が叶ったのでした。

今まで見た事もない大きな甲子園球場と、溢れんばかりの満員の観衆です。「気」が上がってしまったのでしょう。入場行進では自分の体が自分の体ではないような、俗に言う「雲の上を歩く」とはこの事。初めてそんな不思議な体験をしたんです。勿論、極度の緊張からなんですが。

不思議なもので肩の痛みは試合になると感じなくなるんです。普段は包帯で腕を固定していて、軽い練習しかやっていませんが、試合ではそうはいきません。1回戦の柳川商戦の第1打席ではまた違った緊張感で、夢中でバットを振ったらボールが当たってくれて、センター前のヒットになりました。そんな形容がぴったりの打席でした。2年後の3年生での甲子園では全く平常心で出来ましたから、経験とは素晴らしいものです。チームは今治西高に準々決勝で敗れ、ベスト8止まりでした。自分の力が出し切れず悔しい思いの残った甲子園でした。

我々野球部は、学校行事の修学旅行には大会が近い為、参加出来ないのです。その代わり、当時の猪野校長先生が「甲子園に行ったら京都見物させてやる。」の約束を守ってくたのですが、しかし、京都の旅館に着いてほっとした後の夕食で、またまた大トラブルが発生してしまったのです。何あろう食中毒にかかってしまったのです。この事件を知っている人は相当な銚商ファンでしょう。疲労から抵抗力が低下していたのでしょうか。レギュラー級が重傷で、体力の無い私もその1人でした。突き上げてくる痛みや吐き気、苦しさに七転八倒でした。これまた初体験です。もう見物どころではありません。数日して体調が少し落ち着いた頃、重症組は京都駅を出発。しかし、列車の中で揺られたからでしょうか、またまた容態が悪化し、急行が停車しない近江八幡駅で緊急停車。斉藤先生以下6名程が再入院です。斉藤先生は自分も重傷で苦しい中、我々選手の面倒を本当に良く見てくれました。斉藤先生の懸命な介護に、選手一同、大いに感激し感謝しました。この様な経験が後の戦いの糧になったのは間違いありません。

4　合宿の思い出

例年、銚商は夏の県大会前の6月に数回の合宿を行います。5時起床で7時まで練習し、朝食を摂って授業に出ますが、放課後は9時頃まで練習をし、終了後夕飯で、「ほっ」とする間もなく夜間練習。これで「居眠りするな。」と言う方が無理でしょう。しかし、現在は授業中に居眠りをすると監督、部長に通報があり、お説教を食らうそうです。今の生徒は大変ですね。私達の頃は、「他の人の邪魔をしないで静かにしていろ。」と言われて、大人しく寝ていたもので、思えば理解のある先生方が多く良い時代でした。

私が1、2年生の時は旧校舎での合宿でした。校舎は既に老朽化していて、現在の台町の校舎に移転する前年ですから、平屋の合宿所もかろうじて建っているといった状況でした。

私は1年生からレギュラー扱いでしたので、同級生の何倍もの厳しい練習をしていました。時に音《ね》を上げて、合宿所の炊事当番で逃げていたのですが、すぐに見つかり呼び戻され、こっぴどく怒られたものです。私にとって生涯で一番苦しくきつかったのは、この合宿の投手陣の早朝インターバル練習でした。体力的に2、3年生とは差があり、嫌いなランニングですから、尚更でした。その先頭をバイクで走る人は「鬼より怖い、情け容赦のないコーチ」の篠原保さんです。「ダッシュ、ジョッグ、ダッシュ、ジョッグ」の繰り返しで、何キロも走るのですからたまりません。朝が来るのが怖かった位でした。しかし、疲れているので、寝たと思ったらすぐ朝が来てしまいます。ところがある日、早朝ランニングが中止になったのです。投手陣は皆喜びましたね。後で聞いたら、篠原さんの奥さんの体調が悪くなって帰ったとの事で、心の中で私は思わず「バンザイ」を叫びました。奥様には大変申し訳ありませんでしたが。

2年時の9月に現在の台町の新校舎に移転しました。新校舎には合宿所は無く、3年時の合宿は校舎の建設作業員が寝泊まりしていた「飯場」を宿舎にしての合宿です。

新校舎のランニング場所は名物の坂道の「自転車おっぺし」になりました。銚商下の信号を校舎に向かって行くと校門まで急坂になっています。その坂を篠原鬼コーチにオートバイでペースを調整されながら、一気に校門まで押し上げるのです。ほとんどの下級生は終わった途端、藪の中に入って胃の中のものを全て出してしまう程、きついものでした。それを何回もやるのですから精神的にも強くなりますよね。現在の部員もやっていますが、舗装されたり内容がかなり違ったりしています。

3年の夏の甲子園をかけた千葉県大会で宿敵習志野を破り、東関東大会の準決勝、土浦三高戦のことでした。8回裏まで1対2でリードされていた時、3番打者の阿天坊俊明君がヒットで出塁し、2盗、3盗を決めて1死3塁のチャンスを作ってくれました。あの土壇場で、盗塁を続けて決める勇気と決断力にただ驚くばかりです。その時に、阿天坊君がタイムを掛けて私の所にやって来て、「樽よ、あの辛かった練習を思い出せ。きっと打てるよ。」その言葉に励まされ、カーブを少し泳ぎながらもレフトへ2ランホームランを打つ事が出来ました。そして、翌日の決勝戦は日立一高に9対0で甲子園行きを決める事が出来たのです。

共に辛い練習に耐え、励まし合い、強い絆で結ばれて戦ったからこそ掴んだ優勝だったと、仲間を誇りに思い感謝しています。

昭和40年（1965）甲子園

5　甲子園決勝　三池工の思い出

昭和40年の甲子園の準優勝から50年になる年、あの時の決勝戦の相手の三池工業高校の優勝50周年イベントが、地元の福岡県大牟田市で開かれました。かねてから秋本元部長、阿天坊君、そして私の3人が招待を受けていました。こちらとしては負けている訳ですから複雑な心境でしたが、既に半世紀50年が経っている現状を考えると「寛大な心」を持って参加しようと相談して出席を決めました。

大牟田市は人口約11万人で、炭鉱節で有名ですね。「月が出た出た、月が出た、ヨイヨイ♪」のあれですね。当時は30万人以上の人口だったらしいのですが、炭鉱が廃坑になって人口は激減したそうです。

前年に当時の監督だった原貢さんが急死した事で、この会の開催が危ぶまれたそうですが、原さんの奥さんと、長女である巨人軍の菅野智之君のお母さんの参加を仰いで、開催にこぎつけたそうです。「原貢監督を偲ぶ会」を併せて行い、２００名程のしめやかな、そして、にぎやかな会でした。

参加者の多くは、我々3人が来ている事を知らなかったようで、紹介された時は会場がどっと湧きました。その年の甲子園大会の優勝校は、東海大相模高でした。昭和45年に原さんが率いて優勝していますので、最高のタイミングで、良い供養になった事でしょう。

50年ぶりに会った三池工のメンバーもそれ相応に年を重ねていましたが、あの決勝戦の話になると18歳の自分に戻るんですね。時が経つのも忘れて旧交を温める事が出来、九州まで来て良かったとしみじみ思いもし、今回も良い思い出が出来た事に感謝です。唯、ここに斉藤監督と原監督が居たらもっともっと素晴らしい会になった事でしょう。

三池工との決勝戦で8番打者の穴見寛君に決勝打を打たれた「痛恨の一球」は、それからの私の野球人生に大きな教訓を得られたのです。野球人生で最大の痛恨の一球でした。女房役のキャッチャー加瀬輝夫主将は、私にとって最高に信頼しているキャッチャーでした。研究熱心で頭もよく、一度も首を振った事はありませんでした。7回2死1、2塁でカーブが高めに浮いてレフトにヒットを打たれたのですが、前の2打席をそのカーブで三振に取っていて、気の緩みがあったのかも知れません。「一球の重み」「一球の大切さ」を充分に味わったお蔭で、その後の野球人生で「一球」の思いを強くさせてくれたのです。

私は当時甲子園で対戦した相手校の選手と今でも交流しています。京都商高のエースだった田中稔三君、帯広三条高の前田睦彦君。前田君は冬にはスケートで全日本級の成績で、後に日の丸を胸に世界で戦った人です。準決勝で戦った高鍋高の小沢浩一君は、高鍋町の町長で頑張っていました。私が前に、ヘッドコーチをしていた社会人のＪＦＥ東日本の春季キャンプはこれが縁で、高鍋球場で行いました。そして、決勝打を打たれた穴見君。皆付き合いは長いですね。会えば酒を酌み交わし、当時の話に花を咲かせます。互いに同じ時代に生き、同じ思い出を共有している仲間ですから話は尽きません。これからもこの友情を大切にして行きたいと思っています。私の好きな言葉は「君たちがいて僕がいた」。全ての仲間に感謝です。

6　斉藤一之先生との思い出

斉藤先生の指導理念の一つが「野球部は謙虚であれ」でした。野球部は学校内でも目立つ存在で、それを良しとしない教師も中には居るのです。しかし、そんな教育を受けたのにも関わらず、私とキャプテンの加瀬輝夫君は大変な失態をしてしまったのです。雨でグラウンドが使えず、上階の教室でのトレーニングになり、あわてて定時制のスリッパを履いて行ったのを、運悪く石橋由松先生に見つかり、職員室に正座させられてしまったのです。私達にとっても最大の屈辱であったのですが、斉藤先生に対しても迷惑を掛け大変申し訳ない思いで一杯でした。

また、「努力すれば必ず報われる」も斉藤先生に教わった言葉です。常に叱咤激励されていましたが、この言葉は私の人生訓となり、今でも支えてくれているのです。

2年生秋の秋季大会は市立銚子高に負け、3年生の春季大会は習志野高に負けて、もう後が無い最後の夏の甲子園予選の決勝戦でした。日立一高に勝ち、甲子園出場の喜びを爆発させていたところ、「敗者の気持ちを考えろ。」と斉藤先生に戒められたのでした。「敗者の気持ちを考えられる人間になれ。敗者に敬意を持て。」と言う教えなのです。

新チームになって、隊列を組んで犬吠、黒生から千人塚を回っての苦しいランニングが終わった後、

「油屋そば店」で斉藤先生に部員全員がそばをご馳走してもらった事がありました。銚子大橋入り口の交差点の角で銚子中学校と道を挟んで隣にあり、あのそばが今でも私にとって世界一美味しいそばなのです。お店は残念ながら閉店していますが、今でもその前を通る度に斉藤先生と仲間たち、そして、あのそばを思い出します。

大会を前に私が肘を痛めた時、先生の自宅に呼ばれ、当時筋肉痛に良く効く高価な軟膏を塗り、温湿布をしてくれました。それを奥様と共に繰り返して頂いたのです。心のこもった治療で治らないはずはありません。「家の雑草を刈ってくれ。」と我々部員を呼び出しては、食事をご馳走してくれた事もありました。厳しい指導だけでなく細やかな気配り、優しさがあったからこそ、我々生徒は斉藤先生を慕い、信頼して付いていったのです。また、野球に対して常に向上心を持って勉強していた姿が強烈に印象に残っていて、サインプレーや投内連係など、私がプロ野球に進んでも全く違和感が無い程の、レベルの高い野球を指導してくれていたのです。

私がロッテ球団のスカウト部長で全国を回っていた頃、北海道から沖縄まで「斉藤監督に大変お世話になりました。」と、行く先々で聞かれ、教え子の私にとって、これ程嬉しく誇らしい事はありません。斉藤先生はそれ程、全国の指導者に慕われ、尊敬されていたのです。

7　斉藤一之先生と矢部昌臣先生

日本高等学校野球連盟から20年以上にわたって高校野球に貢献した指導者に贈られる賞に、イヤー・オブ・ザ・コーチ賞があります。平成16年にこの賞を矢部昌臣先生が受賞しました。矢部昌臣先生は、市立銚子高、銚子西高で計26年、監督として高校野球に携わりました。これを記念して、千葉県旭市の教え子の皆さんが立ち上げた少年野球大会、イヤー・オブ・ザ・コーチ記念大会（矢部杯）が開催されています。多くの教え子の皆さんでチームワークの取れた運営は清々しさを感じさせる程です。この大会には銚子市内のスポーツ少年チームも参加しています。

ある年の開会式に私が招かれ、斉藤先生と矢部先生の思い出を子供達の前で語りました。斉藤先生と矢部先生は知る人ぞ知る、ライバル中のライバルでした。2人は共に佐原高校出身で斉藤先生が4年先輩です。はじめはお互いに中学校の野球部監督だったのですが、既に2人はライバルとして闘志をむき出しで競っていたのです。市内大会ともなると、他校との試合と違って監督同士が目の色を変えての試合になるので、我々選手も当然、燃えて来る訳です。失敗などしようものならいつもより厳しい叱責を浴びせられるので必死で闘ったものです。やがてこの2人の戦いの舞台は中学校から高校へと移って行くのでした。

斉藤先生が銚商に移ると、後を追うように矢部先生も市立銚子高に移ったのです。私が銚商2年生の秋の大会では、選抜甲子園大会出場を密かに狙っていたところ、千葉県大会決勝で市立銚子高のアンダースローの小川投手に1安打完封されて足元をすくわれてしまったのです。その時の監督は勿論、矢部昌臣先生でした。

時は移り、矢部先生は銚子西高の監督となり、昭和55年の千葉県大会の決勝戦では斉藤先生率いる銚商に勝ち、悲願の甲子園初出場を果たしたのです。この時の銚子西高の教頭は、元成東高の野球部監督の松戸健先生で、成東高時代には斉藤先生率いる銚商にことごとく負けて甲子園出場を阻まれていたのでした。部長はその松戸先生の教え子で、当時キャプテンであった米沢部長、そして、監督は矢部先生です。永遠のライバル達がタッグを組み、銚商斉藤監督と対峙した強力な布陣だったのです。銚子西高で初めて銚商斉藤監督の厚い壁に風穴を開け、甲子園出場を果たしたのですから、何か因縁を感じさせます。

その甲子園出場メンバーの中に現在の千葉県議会議員である信田光保さんが名を連ねていたのです。また、市立銚子高では島田重信銚子市副市長も教え子で、そして、銚子市スポーツ協会の澤田武男名誉会長は銚子三中時代に矢部先生から指導を受けた1人です。斉藤先生、矢部先生から指導を受けた多くの教え子達が銚子市内はもちろん千葉県、いや全国で活躍しているのです。

銚商を春夏11回も甲子園に出場させ、全国優勝1回、準優勝1回、国体優勝2回と、斉藤先生は銚商の黄金期を作り上げ、銚子の名を全国区にしたその功績は計り知れないものがあります。最大の功労者である事は誰もが認めるところでしょう。選手同士のライバルの存在も成長に欠かせないものですが、指導者同士の良きライバル関係もまた選手を育てる上で重要であるのです。千葉県は勿論、全国の高校野球のレベルアップに貢献した事は言うまでもありません。互いが存在を認め、信頼し、尊敬し合い、高め合った素晴らしい指導者でした。このような方々に巡り会えた私は幸せ者で、感謝しています。野球を通じて人間教育もしっかり受け継いだ我々は、恩師の教えを胸に地域に貢献していく使命を背負っているのです。

8 斉藤俊之君

斉藤一之先生の自宅は当時銚子市愛宕町にあって、野球部員は草取りを頼まれた時など自宅を訪問する時がありました。すると、まだ小学校に上がる前の息子の俊之君は、愛くるしい姿で我々を迎えてくれていましたが、我々生徒は先生の厳しい指導の反動もあり、可愛さのあまり小突いたりして、揚句に泣かせてしまったりした事もありました。

俊之君は中央大学を卒業し鹿島石油に就職している時に、銚商野球部から「三顧の礼」で監督の依頼を受け、そして監督就任を決意したと伺っています。受けるに際して父親である斉藤一之先生の姿を見て育った本人は、相当な覚悟を持っての決心だったのでしょう。

俊之君が高校生の頃、銚商で斉藤一之監督と親子鷹で甲子園出場を果たしましたが、あの弱音を吐かない俊之君が「3年間殴られっぱなしで、一度も親子の会話はありませんでした。」と、後に苦しい胸の内を絞り出すように言っていました。我が子にしか当たれなかった斉藤先生も苦しかったのでしょうが、キャプテンだった俊之君は父の心情が分かっていたからこそ耐えられたのだと思います。

俊之君が監督に就任して苦労している時に、手を差し伸べてくれた人が（株）トラヤ社長の遠藤孝二さんでした。遠藤孝二さんは銚商ＯＢで私の2年後輩で男気があり尊敬すべき人物です。これは銚商野球部の窮地をも救ってくれたという事で、多くの野球部ＯＢも感謝したと伝え聞いています。

（株）トラヤに勤めながら銚商の監督をする俊之君にとって、その「恩」に報いる為に必死で仕事も野球も頑張った結果、平成17年の夏の甲子園大会出場を果たしたのです。この夏の千葉県予選の時期は、ちょうど私は巨人軍に在籍していてキューバのナショナルチームのコーチに派遣されていた時期でした。遠く離れている私に出来る事はメールで激励する事しかありません。決勝戦は拓大紅陵高校の百戦錬磨の小枝守監督です。「ここまで来たら監督力だ！君と小枝監督との闘いだぞ。君にはお父さんが付いている！」と。キューバから檄を飛ばしました。朝インターネットで優勝を知り、大西洋に向かって涙にくれながら銚商校歌を歌った最高の思い出が蘇ってきます。

決勝戦を応援に行った遠藤孝二社長は、優勝を祝福しようとマリンスタジアムの外の一番前で斉藤監督を待っていたところ、宮澤芳雄君（銚商の後輩で当時千葉高野連副審判長）が銚商ベンチまで連れて行ってくれたそうです。「斉藤監督と抱き合って喜びを分かち合えて、最高のプレゼントをしてくれました。」と、思い出を語っている目が潤んでいました。

後に俊之君が体調を崩して長期入院を余儀なくされた時に、「ご迷惑を掛けますが引き続き俊之君を宜しくお願いします。」の私の言葉に、遠藤社長は「任せて下さい。私にとっても大事な後輩であり社員ですから。」愛情のこもった力強い言葉に心の中で手を合わせた程です。

しかし、悲しいことに奇しくも俊之君もお父さんと同じ60歳の年に、お父さんのもとに旅立ちました。葬儀には各年代の教え子たちや多くの生花が手向けられていました。これは俊之君が指導者として如何に人間的に優れていて慕われていたかの証なのです。

親子鷹で甲子園出場し、親子共に監督として甲子園出場を果たしたのは、おそらく高校野球史上斉藤一之先生・俊之君親子が初めてではないでしょうか。今頃、天国でゆっくり親子水入らずで会話を交わしている事でしょう。ご冥福を祈ります。

9　第100回高校野球記念大会始球式

平成30年の夏の甲子園大会は、100回を記念して史上最多の56校の出場となり、千葉県からは東は木更津総合、西は中央学院の2校が甲子園に出場しました。私が出場した甲子園大会は第45回と47回大会ですから、思えば既に55年も前で半世紀以上が経過している事になります。半世紀前の高校野球と現在とでは、大きく様変わりしていると感じているのは私だけではないでしょう。

7月の初めに県高野連の森川前事務局長が「100回記念イベントについてのお願いがあります。

銚子まで出向きますので宜しく。」と連絡があったのです。日本高野連の１００回記念大会の企画で、全国の県大会を始球式で繋ぎ、ちょうど甲子園大会の開会式が１００回目の始球式にするという事で、「ついては東千葉大会の始球式には木樽さんにお願いしたい。」と言う事でした。因みに西千葉大会は「習志野高の優勝投手の石井さんにお願いしてあります。」との事。それなら最適任者として、銚商最強と私も認める、昭和49年、第56回甲子園大会優勝投手である自慢の後輩、土屋正勝君を強く推したのでした。しかし、県高野連としては日本高野連と協議の結果「木樽さんにお願いする。」と決定しているとの事で、私にとってこれ以上断る理由は無く、快く受けた次第でした。

１００回記念のイベントに参加出来る事は名誉な事であり、誇りでもある訳です。県高野連の希望は「当時のユニフォームで始球式」でした。当然50年以上前のユニフォームが現存している訳はなく、体型が似ている銚商の澤田洋一監督の現在のユニフォームを借用して始球式に臨んだのでした。ユニフォームも当時と比べ物にならない程進化していて、通気性、伸縮性、速乾性もあり、体にフィットしていて運動機能性が良くなっています。私達の頃は素材が綿で伸び縮みしない為に、大きめにしないと体の自由が利かなかったのです。

今回の始球式で何と言っても運が良かったのは、母校銚商の後輩の目の前で出来た事でしょう。西千葉大会の始球式も、習志野高ＯＢの石井さんが母校の後輩の前でする事が出来ました。当時の県高野連の圓城寺会長は「東西共、偶然に母校の前での始球式になりましたが、本当に運が良かったです。」と、高野連としては最高の演出だったと大喜びでした。これも後輩が頑張ってくれたお蔭で私にとって一生の思い出になりました。

53年ぶりに母校のユニフォームを来てマウンドに登った瞬間、銚商当時の景色が蘇って来ました。打者の向こうにキャプテンでキャッチャーの、今は亡き加瀬輝夫君の姿があったのです。たった一球の投球でしたが、私にとってこれ以上最高の投球はありませんでした。

今回の始球式には敢えて妻を連れて行きました。県高野連の森川さんも「是非、ご一緒に。」と言って頂き、今まで常に苦しい時にもそばにいて、一緒に頑張ってくれた妻にせめて最後の銚商のユニフォーム姿を見てもらいたかったのです。

10　銚子弁

「ふるさとの　訛りなつかし停車場の　人ごみの中に　そを聴きにゆく」

石川啄木の有名な歌があります。外国に行った時など、日本の国旗を目にした時や日本人に出会った時、ましてや国歌を聴いた時などに、喜びや懐かしさを感じるのは私だけではないでしょう。

ふるさと銚子を離れて市外、県外に住んでいる者にとって、銚子はいつも忘れられないものなのです。まして銚子弁を聴いたならなおさらです。

銚子に戻って1年が経った頃、だいぶ銚子弁を思い出して来ました。相手の言葉に自然と反応出来るようになっている自分に驚きます。染みついた銚子のＤＮＡなのでしょうね。銚子弁と言えばいろいろ思い出話があります。

私が東京オリオンズに入団した1年目のマウイキャンプの事でした。先輩に「おい木樽、明日の天気はどうだ?」と聞かれたので、庭に出て「大丈夫ですよ。星がびっしょりですから晴れますよ。」と言ったものだから、一同に大笑いされました。その時はなぜ笑われているか分からなかったんです。「びっしょりというのは、寝小便して布団がびっしょりとか、水に濡れた時に使うもんだよ。」と、言われてみれば確かにその通りですが、銚子では当時普通に使っていましたよね、銚子の皆さん。50年前を思い出してみて下さいよ。

それは瞬く間に記者やチームの人達に知るところとなり、「銚子のびっしょり」が私の通称となってしまいました。

私がロッテの2軍監督をしていた頃の話です。今から30年以上前の事で、当時フジテレビに「プロ野球ニュース」という番組があって、その番組でインタビューを受けました。その放送を、当時ヤクルトの2軍コーチだった銚商の5つ後輩の渡辺進君が観ていたのです。ヤクルトスワローズに40年以上も在籍し、若松監督の時にはヘッドコーチを務め、ヤクルトにプロ野球に大いに貢献した自慢の後輩の1人です。イースタンリーグで会う度に、ふるさと銚子の事や母校の話になります。そんな彼が「先輩、昨日のインタビュー聞きましたが、銚子弁丸出しでしたよ。」と、不遠慮にもそんな事を言うんです。銚子から都会に出て20数年経って、自分ではとうにあくは抜けていると自負していたんですよ。非常にショックを受けたのですが、仕方ないですよね。銚子の生まれですから。

銚商を熱烈に応援してくれている人達にこう言われました。「木樽さんよ、商業を立て直してくんなよぉ。期待してっがらよ。今のまんまではどうしょうもねがっぺよ。」その言葉、大いに胸に応えます。

11 秋の彼岸に両親を想う

小学生の頃、朝起きると既に両親は仕事に出ていて姿は見えなかった。水産加工業の我が家は、両親を先頭に忙しく立ち働いていたのだ。

私は7人兄妹のばっち（末っ子）であった為に、自由奔放に過ごしていたのだった。近所の遊び仲間に混じってボールを追いかけ、年上の仲間に邪魔にされても泣きながら後を追って行った。とにかくやたらに腹が減って、広場に干してある煮干しをつまんでは口に放り込むも空腹は満たされず、時には近所の山口製パン屋に行って食パンの耳を袋一杯に安く買い、皆で分けて食べたりした。あの頃は誰もが苦しい時代で、皆寄り添い助け合って生活したのだが、一番生き生きしていた頃だったかも知れない。

長い戦争がやっと終わって、2年後の昭和22年生まれの俺達は第一次ベビーブームで、今思えばやたらに子供の数が多かった。お蔭で他の年代より遊び仲間がいっぱいいて、それは幸せな事でもあったのだ。

父は仕事が終わって食事時には旨そうに眼を細めて酒を飲んでいたっけ。それが唯一の楽しみだったように。その横にチョコンと座っては盗み飲みして叱られていたりしていた。

古いアルバムの数少ない写真はセピア色に変色しているが、私の心の写真はいまだ鮮明のままだ。

９月23日は秋分の日で秋のお彼岸です。今までほとんど両親の話題に触れて来なかったのですが、私の両親を偲んでみたいと思います。私も古希を迎え、年をとった証拠でしょうか。今までも今あるのも全て両親のお蔭だと感謝しています。兄姉の中で両親と共に生きた期間が一番少ないのが私で、一番苦労させたのも私でした。「親孝行したい時には親はなし」本当にその通りで反省の毎日です。

私が45歳の時に母親が亡くなり、そして、翌年に母を追うように父も他界したのでした。「お前もワシの子だから酒飲みになるだろうが、酒は飲んでも飲まれるなよ。」言っている意味をまだ理解出来ない年でしたが、不思議と耳に残っていて、父の遺言と受け止めているつもりです。

スカウト界では「選手を見て母親を見よ。」という言葉があります。母親が大きければ子供も大きくなるとの例えです。しかし、私の母親は当時の女性でも小柄な方なので、やはり酒飲みも体格も性格も全部父親譲りのようです。

小、中学校の頃ははっきり覚えていませんが、母親は私の高校の時の試合を、全く見る事の無いままに3年間終わってしまったのです。球場は勿論、甲子園大会のテレビもスイッチを入れる事なく、試合が終わるまで仏壇の前で祈り続けていたそうです。気の小さな人だったのでしょうか。いや、それ程愛情深く私を見守ってくれていたのです。どれだけ神経をすり減らし、寿命をすり減らしていた事か。ただただ詫びる思いです。

そんな母親はプロ入りにも大反対でした。この上またプロ野球に行けば、気苦労が絶えない思いだったのでしょう。同時にプロ野球の世界は母親から見ると、我が子が別世界に行ってしまい、手の届かない存在になってしまう、そんな思いになったのでしょう。「親の心子知らず」で反対を押し切ってプロに行った私でした。

練習は勿論、あまり試合も見に来なかった父も、夏の千葉県大会にはさすがに心配で応援に来ていたようで、「木樽のお父さんは試合中ずっと煙草の火が消える事がなかった。」との事。人差し指と中指が爪ごと黄色く変色しているのはそのせいだったのだろうか。

母は平成4年、父は平成5年に他界し、既に25年以上が経った。私も子や孫を持つ身になって両親に恥じない生き方をしているだろうか。墓参りに行って両親に問いかけてみよう。何と言うだろうか。

12　家族について

プロ野球は勝ち負けがはっきりしている世界で、一喜一憂しながら常に緊張感を持った生活を強いられるのもまた確かです。調子の良い時はともかく、打たれて帰宅した時や故障で苦しんでいる姿を見るにつけ、闘っているのは自分だけでなく、妻も同じ戦場で戦っている思いなのです。プロ野球の世界で生きてきた私は、キャンプで1か月以上家を空け、シーズンに入れば遠征で家を留守にし、妻は子育て時期には心細い思いに鞭を打ちながら家を守って来たのです。

私と一人息子で、中学から高校進学の時期に将来について話をしたところ、高校でも野球を続けたいとのことで、川崎の自宅から通学出来、そして、鍛えてくれる指導者の居る、伝統ある法政二高を選んだのでした。当時の法政二高は全国から選手を集めていた事もあり、息子はベンチにも入れない日々が続いたのです。

ある日、妻を通じて「勉強が遅れるので野球部を辞めたい。」と言ってきたのを許さなかった事で、父子断絶の日々が続いたのでした。3年生の夏の県大会の時期になり、やはり妻を通じて「試合を見に来てほしい。」と聞いて、いぶかしく思いながら保土ヶ谷球場に夫婦で出かけたのです。既に球場は応援合戦最中で、太鼓や大声が球場の外まで響き渡っていて、急ぎ妻の手を引き階段を上がったそこに、何と息子が大太鼓を割れんばかりに懸命に叩いているではありませんか。その姿に驚くと同時に、この姿を私に見せたくて呼んだのだと気が付きました。そして、父子断絶の長い日々を終わらせ、成長した姿を見て欲しかったのだと察し、胸が一杯になりました。息子もプロ野球の父を持った事で人知れず窮屈な思いをして過ごした事でしょう。

その後、法政二高の野球部ＯＢ会名簿を見て「野球部を辞めなくて良かったよ。」と。その息子も今では２児の父親になっています。

選手生活からコーチ、２軍監督となり、少しはほっと出来たと思うのも私が感じるだけで、妻にしてみると、責任ある立場は別なプレッシャーを感じての生活だったのでしょう。

私が２軍コーチに就任した時のことです。多くの若手選手を預かる立場として、親元から離れて頑張っている選手を、数人ずつに分けて自宅に呼んで手料理を食べさせたいと、妻に相談した時に快く引き受けてくれて、面倒を見てくれた事がありました。選手達の親御さんからはお礼の電話や手紙を頂きました。

選手時代からコーチ、２軍監督、そしてスタッフ時代を含め、常に一緒に戦って来た戦友として、これからも妻を大切にしていきたいと思っています。

13　孫について

息子が結婚相手である今の嫁を連れて来た時、条件を出しました。それは「男の子が生まれたら野球をやらせる。」というものです。お蔭様で２人の孫がそろって男の子でしたから、我々夫婦が喜んだのは申すまでもありません。２人揃ってのユニフォーム姿、我々夫婦で応援している姿まで目に浮かべていたのです。

ところが、いつまで経っても野球の「野」の字が嫁の口から出てこないのです。嫁曰く「上の子はスポーツに向かないようです。外よりも家の中が良いようで、技術系が得意のようです。」ちょっと待ってよ。話が少し違いませんか。向く、向かないよりも、先ずやらせてみるのが大事なんですよ。

私と会うと、必ず「じいじ野球やろうよ。」と言っていたんですよ。銚子に引っ越して遠く離れてしまうとこうなってしまうんでしょうか。こうなったら次男の方に期待するしかない。次男を預かって一緒に生活しないと２人とも野球をやらずに終わってしまうのではと、危機感を募らせていました。野球少年を少しでも増やそうと銚子で活動している私にとって、この状況では「情けない」の一言です。

そう言えば、巨人軍の原監督のお父さんで、巨人軍のエースの菅野智之投手のおじいちゃんである原貢さんが生前言っていました。「木樽君、孫を仕込むなら１㎞以内に置かなければだめだよ。目の届くところで教育するんだよ。」と。確かにその通りでしたね。息子の原辰徳君しかり、孫の菅野智之を手塩にかけて育てましたから、言葉に重みがあります。「牛乳は１日１ℓ、体幹トレーニング、ランニング、ストレッチ等々、それに人間教育も欠かしてはいけない。」とも。そうですね。菅野君は礼儀正しく好青年です。話に説得力があり勉強になりました。

ある日、夫婦ともがっかりして諦めていたところに、うれしい知らせが入ってきました。「次男が地元の野球クラブに入る事になったよ。」と、息子からの一報があったのです。次男が3年生になっての出来事でした。銚子と浦和では大分距離があるけど、試合に出られるようになったら絶対に応援に行こうと、妻と今から楽しみにしているのです。

14 銚子スポーツタウンオープニング

スポーツの合宿施設である「銚子スポーツタウン」のオープニングイベントが、平成30年3月10日に開催されました。市立銚子西高校跡地を改修して一大スポーツ施設として蘇らせたのです。校舎は撤去され更地になり、部室だった24部屋を宿泊施設に改装し、新たに食堂棟を建設しました。また、体育館の穴だらけだった屋根を葺き替え、フロアーも全て敷き直して室内競技にも対応出来るようになり、幅広い需要に応えられるように完成しました。オープニングには林幹雄衆議院議員や石毛県議（当時）、銚子西高で初の甲子園出場をした信田県議をはじめ、多くの市議会議員、スポーツ庁からも2人の方が参加して盛大に行われました。また、クラウドファンディングで寄付してくれた多くの一般の方も参加してくれたのです。その中に現在長野市在住で、銚商の同級生で、甲子園ではセカンドを守った松田恒男君も「是非、銚子の為に頑張ってくれよ。」と、寄付をしてくれたのには感激しました。

この施設を運営するのは「㈱銚子スポーツタウン」で、銚子市とＮＰＯ銚子スポーツコミニティー有志による第３セクターとして発足した会社です。この銚子スポーツタウンはスポーツ合宿を通じて「銚子の活性化を目指す」のが目的で作られました。隣の茨城県波崎には多くの学生用の宿泊施設があるのに、銚子にはありません。今までも高校などが合宿で銚子市野球場を使っても、宿泊は波崎では銚子が潤わないのは当然です。ふるさと銚子の活性化は「地産地消」を前面に出して、農産物、海産物、醤油、その他銚子の特産品を合宿に来た宿泊の皆さんに食べて頂き、銚子の過ごしやすい気候と物産の豊かさと美味しさを味わって頂くという精神がこの銚子スポーツタウンの基軸になっているのです。

私が銚子に戻って来て、銚子市行政アドバイザーとしての活動の大きな目的は、野球、スポーツを通じた「銚子の活性化」の為であり、このスポーツタウンと目指す方向性が一致していたのです。スポーツタウンの小倉和俊社長から熱い思いを聞かされると、銚子市民であれば協力するのは当然の事です。特に野球関係の合宿が多くなる事を考えると、野球経験者の視点から、施設の整備、球場づくり、使う立場でのアドバイスが出来たら良いと考えています。

オープニングを間近にした3月4日の日曜日にスポーツタウンの大掃除を行いました。市役所職員をはじめ、関係機関、一般の方々を含め約60名のボランティアが参加して随分きれいになりました。思いは同じで「是非、銚子の為に成功して欲しい。」その気持ちから参加してくれたのです。

銚子西高跡地の校門をくぐると右前方に開校当時からの記念樹である大きく枝を張った椎の木があ

ります。廃校になって10年程経って、雑木などが生い茂り、記念樹も荒れ放題で見る影も無い程になっていたのを、チェンソーなどできれいにしました。校舎は解体撤去されてしまったので、銚子西高OBのみなさの心情を思うと、この記念樹を大切に保存しなくてはなりません。

これからも銚子西高精神は記念樹と共に脈々と生き続ける事でしょう。グラウンドに立ち耳を澄ますと当時の矢部監督や選手たちの声が聞こえて来るようです。

15 銚子スポーツタウンで行われた事

銚子スポーツタウンで行われた事を3つお話しします。

1つ目は、「ランニングクリニック」です。銚子では毎年「銚子さんまマラソン」が盛大に開催されています。例年、ハーフと10㎞のコースがあり、全国ランニング大会100撰に何度も選ばれている大会です。平成30年に行われた第6回大会の前日に、銚子スポーツタウンで加藤友里恵さんがランニングクリニックを開いたのです。加藤友里恵さんは、前回のリオデジャネイロオリンピックに出場した銚子市出身のトライアスロン選手です。東京オリンピックの代表を目指しています。

私はプロ野球に入団した年の1月の自主トレの時に、ランニングで大きな転機がありました。ランニングコーチに徹底的に鍛えられ、フォームが矯正されて自分でも速く走れている事が実感出来る程になったのです。走るのが速くなると、走る事が楽しくなり、下半身が鍛えられていったのでした。このお蔭で私はプロで対等に闘えたといっても過言では無いのです。

２つ目は、「木樽正明記念」中学校硬式野球交流戦です。９チームが参加して行われました。私の名前を「冠」につけたのは銚子スポーツタウンの小倉社長の発案です。「木樽さん、名前を使って良いですか?」それで野球界や銚子の活性化に少しでも役立つのであれば私に嫌はありません。９チームはボーイズ、シニア、ヤング、ポニーリーグと多彩で、違うリーグのチームとの試合は普段あまりやらないそうで、「今回は新鮮で良い経験だった。」と、指導者の皆さんは大変喜んでくれました。また、今回は銚商グラウンドを借りて、中学生に試合をしてもらい「銚商に行って野球をやりたい。」と思わせたい意図があったのですが、残念な事に降雨の為使用出来ず、参加した監督たちも残念がっていました。

３つ目は、還暦野球の交流戦です。還暦野球という名前は聞いていましたが、観戦したのは初めてでした。参加チームは水郷マスターズ、神栖レッドファイターズ、そして、波崎55クラブの３チームでしたが、ともに茨城県のチームです。遠目で見ると還暦を迎えたとは思えない程、姿はキリッとしていて背筋も伸び凛々しい姿です。ユニフォームには魔力があるのでしょうか。波崎55クラブには銚子の岡田土建社長の岡田知益（現在銚子市商工会議所会頭）さんが参加していたのには驚きました。岡田社長の話では、「銚子に還暦野球のチームが無いので、仕方なく波崎に入っている。」との事でした。神栖市に神栖レッドファイターズと波崎55クラブの２つがあって、銚子にチームが無いのは不思議です。私くらいの年齢では、野球が盛んでしたから野球が出来ない人は少ないはずです。岡田社長には「是非、銚子にもチームを立ち上げて下さい。私も協力しますから。」とお願いしました。

水郷マスターズの元大洋ホエールズの石村賢二郎さんが訪ねてくれました。私は記憶に無かったのですが、「2軍戦で木樽さんのボールを打ちましたよ。」と嬉しそうに話していました。今は野球を趣味にして楽しんでいる姿に羨ましい思いでした。そして、「終わったら皆で一杯やるのも楽しみなんですよ。」と、皆生き生きしています。目が輝いています。

この年になると、健康が如何に大切であるか誰もが思う事です。おじいちゃんが野球をやれば、孫たちにも良い影響を与えられるでしょうし、おじいちゃんが健康であれば家族も喜ぶでしょう。自分だけの健康ではなく、家族の為の健康でもあるのです。それが家族への愛情なのです。

16　還暦野球チーム立ち上げ

還暦野球チームが神栖市に2チーム、香取、匝瑳市にもあるのに「野球の街　銚子」に無いのはどうしてでしょうか。銚子スポーツタウンの小倉和俊社長の「木樽さんが中心になって還暦野球チームを作りましょうよ。」の一言で、チーム作りがスタートしました。

平成31年1月に千葉県還暦野球連盟の理事会が千葉のスポーツセンターで開かれると聞いて、銚子スポーツタウンの滝田支配人（当時）と共に銚子スポーツタウンの施設紹介と還暦野球チーム立ち上げの挨拶に行ってきました。会場には予想以上の還暦チームが出席していて驚きでした。理事会には私と同年代の70歳前後の方が多く、理事長をはじめ、役員の方々も私を知っていて大歓迎してくれました。中には東金の還暦チームの理事に、銚商の野球部の先輩もいて「しっかりやれよ！」と激励されました。理事の皆さんに、元プロ野球選手が参加する事で還暦野球が少しでも盛り上がると期待をもって頂きました。「チームが出来たら、是非、練習試合をやりましょう！」と声を掛けてくれる人、「頑張ってください！」と、握手を求めて来る人々がいて意を強くした思いです。

初練習は3月3日に銚子スポーツタウンで行いました。当日は生憎の雨で、総勢6名がコーヒーを飲みながら自己紹介をし、室内練習場へ。50歳台から70歳の中盤まで幅広い年齢層です。私が講師になって準備体操からボールの握り方、投げる基本、バットの握り方、捕球はグラブの真ん中の良い音のする場所で捕るなど、野球の初歩の指導でした。本格的に野球をやった事の無い方がほとんどだった事もあって、皆さん熱心に聞いてくれて「こんな事初めて教えてもらった。」と喜んで体を動かしていました。今までにない体の動きで明日は筋肉痛になるだろうと話しながら、快い疲労感で楽しく初日が終了しました。

毎週日曜日の午前9時から11時の2時間を銚子スポーツタウンにて練習をしています。動けて汗をかいても大丈夫な服装で、いつ来ても休んでも自由です。入会はいつでもどなたでも年齢も問いませんので参加をお待ちしています。お孫さんを引き連れての参加の方も居ました。しかも私とスポーツ少年団で顔なじみの少年だったので嬉しかったですね。

還暦野球の連盟に加入するには20名以上の選手登録がないと出来ないので、急がずゆっくり時間をかけて、メンバーが集まるのを待っています。子供の頃やった野球が忘れられず、野球を楽しみたい方の受け皿になり、高齢化が進む中で生きがいや健康面を考えながら皆が野球を楽しむ場があっても良いのではないでしょうか。

私の野球人生は物心ついた3歳頃から近所の子供達に混じって球拾いから始まり、小、中学校野球を経て銚商へ進み、そして、プロ野球へと。どれ程野球を楽しんだのだろうかと振り返ると、それはほんの少しの期間でしかなかったように思われます。いつも勝利への期待と重圧で精神的に楽しむ状況ではなかったように思います。これからは野球を心から楽しもうと思っています。我が還暦野球チームは以下の3つのモットーで活動しています。

1　野球を楽しみ決して無理をしない

2　野球を通じての仲間づくり

3　野球を通じての健康づくり

長年の体の錆びを少しずつ落としながら、チームメイトと共にゆっくりやっています。

17　弦哲也さん

平成27年11月15日に銚子市青少年文化会館大ホールにて、弦哲也さんの音楽生活50周年記念コンサートがありました。弦哲也さんは売れっ子の作曲家でヒット曲も多く、マスコミに多く出演されている姿に、銚子出身で同い年の好みもあって応援していました。やはり、ふるさと銚子出身の方が頑張って活躍している姿をみると嬉しいですよね。

当日は市長、市議会議長が表敬訪問されると聞いて、強引にその中に入れて頂きました。その大きな目的は弦哲也さんに直接会って、お互い「ふるさと大使」として、ふるさと銚子を一緒に元気にしたい、盛り上げたい、その為に力を貸してもらいたい、その一心からでした。

3人で通路で待っていると、テレビで見慣れた弦哲也さんが現れました。市長、議長さんは既に面識がありましたが、私は初対面です。自己紹介すると、弦哲也さんは一瞬びっくりし、目を丸くして、そして握手を交わしました。「まさかここで木樽さんに会えるとは…。」弦哲也さんの素晴らしい人柄が一瞬にして私の胸に響きました。「肝胆相照らす」とでも言いましょうか、時間にして5分ちょっとでしたが、その間3度の握手を交わし、お互い心が通じた感を強くした初対面でありました。

コンサートも大いに盛り上がりました。音楽生活50周年記念にふるさと銚子を歌った「犬吠埼～おれの故郷～」（作曲は五木ひろし）をはじめ、多くの作曲した曲を聴かせていただきました。素晴らしい声量と艶のあるのびやかな声は円熟味があり、我々の胸に強く響きましたね。そんな忙しくあちこち飛び回っている弦哲也さんから、1日置いてはがきが届いたのです。ここに全文を掲載しましょう。

『日一日と秋が深まり、冬の訪れも真近と思われます。木樽様、先日は銚子でのふるさとコンサートで初めてお会いし感激致しました。私にとりましてはヒーロー、あこがれの選手でしたから。もっと感激したのは二人で銚子を盛り上げようとおっしゃった事でした。私に出来る事は音楽で応援する事しか出来ませんが、今後ともご指導の程を切にお願い申し上げます。私事、音楽生活50周年の節目とはいえ、「我、未だ旅の途中」です。どこにいても故郷に向かって歌を作り続けたいと思っております。又、近いうちにお目にかかれれば幸せです。木樽様の益々のご健勝をお祈り申し上げます。まずはご挨拶まで。ありがとうございました。』

私にとってもとても感激いっぱいのはがきでした。文面にふるさとに寄せる思いが強く伝わってきます。遠く離れていると人一倍ふるさとが恋しく、気になるものです。そして、ふるさとを元気にしたい思いが伝わって、私も勇気づけられました。

銚子の皆さん、全ての銚子市民が結束して、「チーム銚子」で協力してやっていきましょう。そうすれば必ず銚子は元気を取りもどせますから。力を合わせて頑張りましょう。

18　黒潮野球教室

小・中学生を対象にした野球教室「黒潮野球教室」を銚子市で毎年開催しています。この野球教室は、黒潮野球教室実行委員会、つまり、銚商と市立銚子高のプロ野球出身者26名が主催で、銚商と市立銚子高硬式野球部ＯＢ会の共催、後援は銚子市教育委員会、銚子市スポーツ協会、銚子市野球協会、銚子市ライオンズクラブです。

私がその実行委員長を務め、副委員長は市立銚子高出身の石毛宏典さんです。平成30年12月16日に行われた第10回黒潮野球教室に参加したプロＯＢは、銚商からは私を筆頭に、杉山茂（巨人）、渡辺進（ヤクルト）、根本隆（西武）、篠塚和典（巨人）、大川隆哉（横浜）、澤井良輔（ロッテ）。市立銚子高からは、石毛宏典（西武）、銚子利夫（横浜）、石毛博史（巨人）、長谷川昌幸（広島）の合計11名が参加してくれました。全国的に見てもこれだけ多くのプロ野球のＯＢが、しかも、ふるさと出身者が集まるイベントは他にありません。我々プロ野球ＯＢは地元銚子にお世話になった恩返しの気持ちで、銚子の子供達に対して野球の面白さや楽しさを感じてもらい、青少年の健全育成に少しでも貢献出来れば、との思いから始めました。

その趣旨に賛同してくれているのが両校野球部のＯＢ会です。全ての面でＯＢ会の援助が無ければ、この野球教室は成り立たないでしょう。市立銚子高ＯＢの銚子市スポーツ協会名誉会長の澤田武男さんの事務所をお借りして、両校の役員が会議を重ねる事数度、夜遅くまでかかった事もありました。また、同じく賛同してくれた一般の市民の皆さんからも賛助金を頂きました。紙面をお借りして皆様に厚く御礼申し上げます。

銚子市内のスポーツ少年団、市内中学校野球部員、そして一般の小学生にも募集を掛けましたところ、30名以上のちびっ子たちが参加してくれました。どこのチームにも所属していないけど、野球に興味を持っている子供達です。スポーツ少年団の子供達とは少し技術の差はありますが、練習すればすぐに上手くなります。子供たちの成長は目を見張る程素晴らしいものがあるんです。野球の面白さを感じられるよう、野球を続けさせる為にも別の機会に集めて、継続して指導したいと思っています。そして、もっともっと野球の楽しさや仲間とやる喜びなど感じて欲しいと思っています。少子化の中でも野球に興味を持っている子供たちを、もっと発掘出来ると確信しています。子供たちにどうぞ野球を進めてやってくれませんか。家の中でゲームばっかりやっているより、よっぽど健康的で良いと思いませんか。

現在、黒潮野球教室を毎年12月に開催していますが、新たに千葉県東総3市（銚子市、旭市、匝瑳市）全体の野球普及活動を行いたいと、各市長からの要望がありました。近年は各市単位でなく、東総地域全体の問題として協力体制を持って事に当たろうとの考えからです。この実現に向けて尽力したいと思っています。少子高齢化もあり年々野球少年が少なくなっている現在、東総3市が結束して行う行事を、我々プロ野球ＯＢが協力してやっていこうと言う事です。

19　銚子駅の思い出

今回は銚子駅についての思い出を語ってみたいと思います。銚子市民にとって、銚子駅はどなたでも思い出のある場所でしょうね。歌の文句ではないですが、「終着駅は始発駅」の銚子駅。

私の記憶にある銚子駅での初めての思い出は、小学6年生の時に東京に行った思い出です。あれは確かＮＨＫのラジオ番組で、全国の地域から選ばれた小学生の座談会があったんです。なぜか私が漁村代表に選ばれたんです。他に山間部、農村、都会、炭鉱等々男女合わせて10名位だったでしょうか。母親に送られて担任の明石敏子先生と出かけました。大変緊張している写真が今でも大切にアルバムに残っています。

何と言っても最も強烈な思い出は高校時代でしょうか。当時は試合の移動はバスでなく列車でした。出掛ける時は「勝ってくるぞと勇ましく」で元気よく銚子駅を出発たものです。胸を張って帰る時もあれば、負けた時などは人眼に付かないように暗闇に乗じてそっと降りる時もありました。

3年生の春季大会が成田市内の球場でありました。宿敵習志野高校に0対1で負けた時はみじめでしたね。誰からともなく「負けておめおめ明るいうちに帰れないぞ。」そんな声もあって暗くなるまで成田で時間をつぶしたんです。市民からぼろくそに罵声を浴びせられますからね。悔しい思いで銚子駅に降りた事が昨日の事のように思い出されます。

その悔しさをバネにして猛練習を重ね、3か月後に夏の県大会会場へ銚子駅から出発です。これが私にとって最後の甲子園出場のチャンスです。市民の大きな期待に応えられるよう、かなりのプレッシャーの中での出発でした。

話は逸れますが、当時の総武本線は両国駅が終点でしたね。東京方面に練習試合に行った帰りに、両国駅の立ち食いそばが美味く、いつも楽しみにしていました。試合で腹が減っていますから、2杯は軽く平らげていました。あれ以来、今でも立ち食いそばが大好きです。また、なんと言っても佐倉駅のカップのアイスクリームですね。停車中に3個4個とまとめて一気に食べた思い出があります。高校時代は食べ盛りですからこんなものでしょう。皆さんも少なからず同じような思い出を持っている事でしょう。

高校時代2度の甲子園出場を決めて凱旋した銚子駅。そして、2度市民の皆さんに見送られて勇躍甲子園に出発しましたのも銚子駅。その後、18歳で未知のプロ野球界に不安と期待に胸を躍らせて、「必ず成功して銚子駅に帰って来るんだ。」と決意し、出発したのも銚子駅でした。

悲喜こもごも私と同じように市民の全ての皆さんも多くの思い出があると思います。これからも多くの人の大きな希望を載せて銚子駅からスタートし、そして、胸を張って帰ってきましょう。

20　これまで　これから

いつか必ず「ふるさと銚子に恩返しするのだ。」と胸の奥にしまい込んでいたものが、還暦から6年が経ち、66歳で思いを実現させる為に銚子に帰る事は、私だけでなく妻にとっても人生の最終の生き方をする事でした。銚子に移住するに際に、妻が賛成してくれるかどうかが大きなポイントなのです。それまで今後の生活、生き方等を２人でそれとなく話していたのですが、反対されたらこの話はなくなります。恐る恐る打ち明けたら、意外にも?返事は「ＯＫ」でした。私の気持ちを察していて、心の準備が出来ていたようです。

妻は高校の体育の教諭をしていたので、一見気丈に見えますが知り合いの居ない銚子での生活はやはり心配でした。しかし、同級生達、そして多くの皆さんに声を掛けて頂いたり、時にはお裾分けまで頂いたりで感謝しています。皆さんのお蔭で一人ぽっちにならないで、元気に暮らしています。紙面をお借りしてお礼を申し上げます。

私だけではありませんが、伴侶である妻の元気が一番ですよね。妻はプロ野球の世界からずっと共に闘って来た「戦友」ですから、妻に感謝すると同時にこれからも大切にしなくてはいけないと思っています。

ふるさと銚子に帰り7年。何をもってふるさと銚子に恩返しが出来るのか、何をする事が一番ふるさとの為になる事なのか。そして、ふさわしい生き方、恥ずかしくない生き方はどうあるべきなのだろうかと。自問自答の繰り返しです。

ふるさとを離れて48年間のブランクは私が想像以上のものでした。少しは知っているはずの銚子は、実は全くと言って良い程に分かっていなかったと言う事で、それだけ大きく状況が変化していたのです。私が如何に安易な考えであったかと今では反省しきりです。しかし、有難い事に同級生や銚子の友人達のアドバイスなどがあって今の私達夫婦があると思って感謝しています。

市から銚子市行政アドバイザーを拝命していましたが、果たしてどの位期待に添えていたのか。いや、まだまだこんなものでは足らないのだと、常に自分に問いかけている毎日でした。一日が終わり床に入ると、今日一日を振り返る習慣が身に付いてしまって、「これで良かったのか、他にもっとやり方があったのではないか、これが銚子の為になっているのか。」アスリートとして長い間の習慣が、常に自分を追い込んでいるのでしょう。もう一つ体が欲しいと思う時もあり、自分でイライラしてしまう事もあったりして。

私がいくら銚子の為に頑張っても後5年、よく出来て10年でしょうか。これも健康であっての話ですが、私のモットーである「一球入魂」「全力投球」で残りの短い最終人生を全うしたいと、この頃強く思うようになりました。球界の先輩、友人達が相次いで亡くなり、他にも私の年代前後の友人達が病と闘っている知らせに接するからでしょうか。

昭和45年（1965）甲子園準優勝

前列左：加瀬輝夫主将、中央：木樽、右：斉藤一之監督
後列左：土屋晴一、右：武井 章

第 10 回 黒潮野球教室　2018 年 12 月 16 日

前列左から　根本 隆、杉山 茂、木樽正明、渡辺 進、石毛宏典
後列左から　石毛博史、長谷川昌幸、篠塚和典、澤井良輔
鈚子利夫、大川　隆　（敬称略）

木樽正明年表

1947	昭和22	千葉県銚子市に七人兄妹の末っ子に生まれる。
1963	昭和38	千葉県立銚子商業高校に入学する。 第 45 回全国高等学校野球選手権大会に出場する。(準々決勝進出)
1965	昭和40	第 47 回全国高等学校野球選手権大会で準優勝する。
1966	昭和41	東京オリオンズにドラフト２位で入団する。
1969	昭和44	オールスターに初めて選出される。 最優秀防御率投手賞を獲得する。
1970	昭和45	リーグ優勝し、日本シリーズに進出するも巨人に敗れる。 最優秀選手賞（ＭＶＰ)、ベストナイン賞を獲得する。
1971	昭和46	24 勝をあげ、最多勝利投手賞を獲得する。
1974	昭和49	リーグ優勝し、日本シリーズで中日を破り日本一になる。
1976	昭和51	11 年の現役生活を終える。
1983	昭和58	ロッテオリオンズの二軍投手コーチに就任する。(～ 1986/ 昭和 61 年)
1987	昭和45	一軍投手コーチに就任する。(～ 1988/ 昭和 63 年)
1989	平成元	二軍監督に就任する。(～ 1990/ 平成 2 年)
1991	平成 3	スカウト部長に就任する。(～ 2001/ 平成13 年)
		プロ野球 12 球団スカウト会会長を務める。(1997/ 平成 9 ～ 2001/ 平成 13 年)
2002	平成 14	読売ジャイアンツの編成調査室に所属する。(～ 2010/ 平成 22 年) (一時的にキューバ派遣コーチ、育成コーチを務める。)
		プロ野球 12 球団編成会会長を務める。(2008/ 平成 20 ～ 2010/ 平成 22 年)
		28 年間のスタッフ生活で２回の日本一、４回のリーグ優勝に携わる。
2011	平成 23	ＪＦＥ東日本硬式野球部のヘッドコーチに就任する。(～ 2013/ 平成 25 年)
2014	平成 26	銚子市に戻り、銚子商業高校野球部のコーチに就任する。
		銚子市行政アドバイザーに採用される。(～ 2020/ 令和 2 年 3 月)

あとがき

「ここの芝は銚商の野球場の芝よりも良いよ！」２０１５年10月、木樽正明さんの一言で、銚子スポーツタウンが誕生したと言っても過言ではありません。銚子の野球を復活、銚子を野球で活性化させたいとの強い思いで銚子に戻られた木樽さんと、出会って３日目の事でした。それから、銚子スポーツタウンを開業する為に、様々な関係機関との交渉に尽力頂きました。施設内２つの野球場と野球用具、雨天練習場と室内練習場の設計と施工は、木樽さんのアドバイス通りにしました。木樽さんは合宿に来た子供達に、要望があれば気軽にピッチングのアドバイスをしてくれます。銚子市に還暦野球チームが存在しなかったので、一緒にチームを結成してしまいました。木樽さんの周りはいつも笑顔と笑い声が絶えません。後日、銚子商業の野球場を見に行くと、ライトの芝はありませんでした。「スポーツタウンの芝は銚商の芝よりも良いけれど、そんなに良いわけではないよ。」その言葉を聞いたのは、開業1年後でした…。

スポーツ合宿施設として開業2年が経過し、２０２０年の年明けと共に、コロナ禍は全世界に脅威を与え、生活様式を一変させました。当社は単なるスポーツ合宿施設にとどまることなく、スポーツによる地域活性化、スポーツの普及拡大を推進します。銚子市の野球文化を後世に残し、復活させる為に、この書籍の編集と販売をします。地域のみんなで、この不測事態を乗り切る為には、一歩を踏み出す事が必要です。その為のチャレンジ精神を感じてもらいたいと思います。宿泊施設が業種を飛び越えて書籍を発刊します。

株式会社銚子スポーツタウン　代表取締役　小倉　和俊

私が銚子スポーツタウンに入社して1か月も経たない頃に、この書籍の編集に携わることとなりました。２００話以上ある新聞のコラムを一冊の本にまとめるといった作業は、スポーツ合宿施設のスタッフにとって極めて難しい作業であり、読者の方にとって読みづらい箇所もあったかと思います。この場を借りてお詫び申し上げます。

さて、私はこの書籍に不思議な縁を感じております。

正直なところ、木樽さんが現役で活躍されている頃、私は生まれておらず、木樽さんのことをよく知りませんでした。木樽さんのことを父に聞いてみると、父は木樽さんの2歳年下で、中学の頃に同じ野球部に所属していたというのです。

そして、何より私の名前「達朗」は広岡達朗さんのファンであった母が、広岡さんに因んでつけた名前なのです。まさか、その広岡さんと親しい仲である木樽さんに出会うことになるとは。

この縁も「野球の力」なのでしょうか。出会いとは不思議なもので、これからも大切にしていきたいと思わせてくれた一冊になりました。

株式会社銚子スポーツタウン　スタッフ　石毛　達朗

■著者プロフィール

木樽　正明（きたる　まさあき）

昭和22年6月13日、千葉県銚子市生まれ。千葉県立銚子商業高校卒。高校１年時と３年時に全国高等学校野球選手権大会に出場する。３年時は準優勝を成し遂げる。高校卒業後、ドラフト２位で東京オリオンズ(現：千葉ロッテマリーンズ)に入団し、最優秀防御率賞を１回、最優秀選手賞を１回、ベストナイン賞を１回、最多勝利投手賞を１回受賞する。
引退後はロッテの２軍投手コーチ、１軍投手コーチ、２軍監督、スカウト部長を務める。読売ジャイアンツの編成調査室に籍を移し、２度の日本一、４度のリーグ優勝に貢献する。その後、社会人野球のJFE東日本硬式野球部のヘッドコーチを務める。
平成26年、ふるさと銚子に帰り、母校銚子商業高校野球部のコーチを務める。平成26年9月～令和2年3月まで銚子市行政アドバイザーとして活動する。母校と並行して小中学生やリトル、シニアの野球チームの指導にあたる。

野球の力　～銚子発～

2020年8月7日 第1刷発行

著　者　　木樽 正明

発　行　　株式会社 銚子スポーツタウン

〒288-0863　千葉県銚子市野尻町1600番地
TEL 0479-30-1800
E-mail: info@choshi-sportstown.com
https://choshi-sportstown.com